EN VENTE,

A LA MÊME LIBRAIRIE.

LE CHATEAU DANS LA VENDÉE, vol. in-12.   6 fr.
LES DEUX SOEURS, 2 vol. in-12.   6 fr.

Romans historiques, par le traducteur de Walter Scott.

Pour paraître en janvier.

LA JEUNESSE D'UN GRAND-VICAIRE, 3 vol. in-12; par Raban.

L'ORPHELINE

DE

QUATRE-VINGT-TREIZE.

IMPRIMERIE DE MARCHAND DU BREUIL,
Rue de la Harpe, n° 90.

L'ORPHELINE

DE

QUATRE-VINGT-TREIZE.

PAR RABAN.

TOME PREMIER.

PARIS,
THOISNIER-DESPLACES, LIBRAIRE,
RUE DE L'ABBAYE, N° 14.

1832.

NOTICE.

Il était une fois... Ceci, lecteur, n'est pas un conte. Il était une fois un pauvre diable dont les bottes étaient percées, la culotte déchirée, l'habit râpé et le chapeau crasseux; ce pauvre diable n'avait pas mangé depuis deux jours, quand il prit la résolution de mettre fin à ses maux, en se jetant à la rivière. Déjà il était sur le pont et grimpait sur le parapet, lorsque je l'arrêtai par la basque de son habit, qui faillit me rester dans la main.

— Mon ami, lui dis-je, vous prenez là un mauvais chemin, et, qui que vous soyez, le remède que vous voulez employer est pire que le mal.

— Eh! mon cher monsieur, que voulez-vous que je fasse? Je meurs de faim, et je ne suis bon à rien. J'ai essayé de tout; j'ai été géomètre, chimiste, professeur de grec, valet d'écurie, maçon, rien ne m'a réussi. Peut-être serais-je propre à faire un ministre, un député ou un pair de

France; mais on ne songe pas à moi.

— D'après ce que vous me dites, répliquai-je, il paraît que vous êtes lettré. Que ne vous jetez-vous dans la littérature?

Le pauvre diable haussa les épaules, et fit un nouvel effort pour se jeter dans la Seine.

— Mon ami, repris-je, on peut être un fort mauvais palefrenier, et un écrivain passable. Faites un livre, un roman, par exemple. Cela n'est pas aussi difficile que vous l'imaginez. Ainsi, je suppose que vous ayez de l'esprit, de l'imagination, un certain talent d'observation ; par conséquent vous faites un livre où il n'y a ni esprit, ni imagination, et qui n'a pas le sens commun.

— Vous croyez...

— Cela se voit tous les jours. Quand vous aurez écrit trois ou quatre volumes, vous chercherez un libraire qui ait de l'argent, ce qui n'est pas beaucoup plus difficile à trouver que la quadrature du cercle, la pierre philosophale et le mouvement perpétuel.

— Ne plaisantons pas, monsieur ; les propositions d'Euclyde sont des jeux d'enfant, et j'ai trouvé il y a long-temps la quadrature du cercle.

— Alors je ne suis plus surpris que vous vouliez vous jeter à la rivière... Voici maintenant ce qui arrivera :

Ou le libraire auquel vous vous adresserez sera une espèce de grand seigneur, qui vous dira : « Mon cher, nous ne faisons que de la haute littérature; » vous lui demanderez ce que c'est que de la haute littérature; il vous rira au nez, et fera une pirouette sur le talon;

Ou ce libraire sera un commerçant actif, adroit, intelligent,

L'ORPHELINE

DE

QUATRE-VINGT-TREIZE.

CHAPITRE PREMIER.

DISSIMULATION.

Souvent de beaux dehors cachent des âmes basses.
Corneille.

De sa condition heureux qui se contente ;
Tenons-nous dans la sphère où le ciel nous a mis :
Dans un poste élevé toujours mal affermis,
 Craignons une chute éclatante.
Le Brun.

— Ce n'est point pour vous donner de l'occupation que je vous ai fait demander aujourd'hui, ma chère Alphonsine : votre maîtresse sait très-bien qu'à mon âge une femme rarement aime à s'occuper des caprices de la mode. Elle aime à remplir les devoirs que lui impose le titre de mère, ou tout autre, dont elle a accepté les obligations. Il ne lui convient nullement de chercher à se rendre aimable, ou de vouloir plaire par une futile parure.

— Votre caractère, madame d'Armantières, est trop connu pour qu'on suppose jamais que vous pouvez vous livrer à une ridicule faiblesse.

— Vous avez raison ; et lorsqu'on a une douzaine de robes faites comme on les portait dans mon temps, on en a suffisamment pour son usage pendant de longues années.

— Je me suis rendue à vos ordres,

madame, sans chercher à deviner vos intentions. J'éprouve toujours une grande satisfaction à travailler pour une personne aussi respectable que vous.

— Je veux vous parler de mon neveu.

— De monsieur Alexandre des Retours, madame ?

— Oui, ma chère demoiselle; je sais qu'il vous porte beaucoup d'intérêt; qu'il a des relations très-intimes avec vous, et que c'est toujours avec un nouveau plaisir qu'il vous accompagne; je dois penser que dans ces attentions signalées l'amour entre pour quelque chose.

— Il serait possible aussi, madame, que dans le rapport qui sans doute vous a été fait, la prévention, ou peut-être la calomnie, entrât pour beaucoup. Et d'ailleurs, quels pourraient être les sentimens de monsieur votre neveu pour une jeune couturière comme moi ? je suis sans fortune comme sans espérance d'en avoir ; je ne possède absolument que des principes de sagesse que rien ne peut altérer, et qu'un grand désir de travailler, afin de me mettre au-dessus de la nécessité, et de n'avoir recours à personne pour sortir d'embarras.

— Mais, enfin, je sais que mon neveu est sans cesse chez vous.

— Pour quel motif, madame, voudriez-vous qu'il multipliât ses visites ?

— Ce n'est point à moi à qui il faut demander ces sortes de choses-là, ma bonne amie, et bien que vous soyez très-jeune, vous devez certainement avoir assez de discernement pour apprécier les motifs de ma sollicitude auprès de vous. Je désirerais me tromper, mais je puis vous assurer que je suis très-bien informée, et croyez que j'aurais été désespérée de vous avoir fait venir me parler, si la cause n'en était pas aussi importante pour vous que pour moi.

— Mais, madame, les attentions de monsieur Alexandre m'humilieraient beaucoup, si de coupables intentions le guidaient.....

— C'est justement où je veux en venir, Alphonsine; c'est autant pour vous épargner des peines et des tourmens, que pour m'éviter des soucis et des inquiétudes. Je sais que dans les idées de mon neveu, qui heureusement ne sont pas bien fixées, il entre quelques projets de mariage. J'ai voulu aujourd'hui m'en entretenir avec vous, parce que je suis bien convaincue que votre bon cœur ira au-devant de toutes les vues que je peux avoir pour lui, et qui rejailliront sur vous si vous êtes assez prudente, assez conséquente pour me seconder.

— Vous m'avez parfaitement jugée, madame; et puisque vous avez la bonté de me parler avec tant de franchise, je dois vous ouvrir mon cœur tout entier. Je puis vous assurer que votre neveu ne m'a jamais parlé.. ... d'amour....., et qu'en cette matière comme en beaucoup d'autres..... mon inexpérience serait pour vous une attestation... qui vous convaincrait bien mieux que tout ce que je pourrais vous dire.

— Ce n'est point une question que je veux discuter avec vous, car, à mon âge, on est plus que ridicule lorsque l'on s'avise de vouloir entrer dans quelque détail sur les impressions de l'amour. Vous êtes très-jeune, vous êtes très-jolie, et je dois supposer que vous ne devez pas être la première à vous apercevoir que vous avez de l'esprit. De mon côté, je serais vraiment charmée de le cultiver afin de vous être utile, et vous prouver, malgré la distance qui nous sépare, que je puis être une de vos meilleures amies si vous voulez être docile à suivre les instructions que je veux vous donner.

—Madame, vous avez trop de bonté. Vous pouvez compter sur moi.

— Il est, cependant, une condition que je mets pour cette bienveillance sans réserve que je veux vous accorder : c'est qu'il faut que vous m'aidiez à guérir mon neveu d'une passion qui ne peut que l'entraîner à une perte certaine.

— Cette bienveillance que vous daignez me vouer, madame, est d'un trop grand prix pour que mon cœur ne sache pas l'apprécier. Croyez que votre confiance ne sera jamais trahie.

— Vous savez que le jeune des Retours, le seul enfant que ma malheureuse sœur a laissé, est absolument sans fortune, et qu'il n'a d'espérance dans le monde que le bien que je lui laisserai. Ce que je possède, quoique encore assez considérable, a beaucoup été dérangé par des rentrées en assignats qui m'ont été faites. Malgré ce funeste événement je laisserai encore à mon neveu de quoi vivre heureux et faire un mariage assorti et avantageux.

— Monsieur des Retours ne sent pas tout le prix de son bonheur; il est bien heureux pour lui d'avoir une tante aussi bonne que madame d'Armantières.

— Jusqu'à présent il n'a point paru répondre à tout ce que je voulais faire pour lui. J'ai voulu le placer dans un bureau, dans une administration quelconque; mais, soit que son origine noble mette un obstacle insurmontable dans ces temps de calamité pour parvenir à être placé, soit que ses facultés intellectuelles aient été insuffisantes, tous mes efforts jusqu'à ce jour ont été absolument nuls. Vous devez penser, ma chère Alphonsine, que si dans cette fâcheuse position il faisait un mariage désavantageux, disproportionné, cela détruirait toutes mes vues bienfaisantes, cela paralyserait tous mes efforts. Ne croyez cependant pas, ma chère Alphonsine, que j'élève aucune question sur vos principes, aucun doute sur votre sagesse, je sais que vous êtes une fille honnête et laborieuse qui vous conduisez très-bien.

— Vous êtes bien bonne, madame.

— Vous devez vous apercevoir que je vous parle en vraie mère de famille, qui voudrais faire également tout ce qui serait nécessaire pour votre satisfaction.

— On ne saurait trop vous louer, madame, de vos généreuses intentions ; et vos affections pour monsieur Alexandre prouvent que vous êtes plutôt une tendre mère qu'une tante qui ne penserait qu'à jouir seule de sa fortune.

— Sans doute, et s'il ne se conduisait pas ainsi que je le désire, je serais forcée de l'abandonner. Je vous l'ai déjà fait pressentir, il n'a que moi pour soutien et pour appui, et si malheureusement je venais à lui manquer, personne sur la terre ne s'occuperait de lui.

— Je serais vraiment désespéré, madame, s'il se rendait assez coupable pour encourir un tel malheur.

— Ce que vous me dites m'est extrêmement agréable, car cela me prouve que je dois compter sur vous pour me seconder dans mes vues bienfaisantes. Je vois maintenant que vous ferez tout ce qu'il dépendra de vous pour l'éloigner d'une perte qui serait certaine. Et, comme je vous l'ai déjà dit, vous serez dignement récompensée de ce que vous aurez fait pour moi comme pour lui.

— Pour ma propre satisfaction, il me suffit, madame, d'une nouvelle preuve de votre bienveillance : c'est de me tracer ma conduite, afin que je me conforme à vos intentions et à vos désirs. Croyez, madame d'Armantières, que je ne veux d'autre récompense que votre estime et votre amitié.

— C'est très-bien, ma chère Alphonsine, je devais m'attendre à tout ce que vous me dites. Vous n'avez point encore fini votre apprentissage de couturière chez votre maîtresse ? vous me paraissez si jeune.

— J'ai dix-sept ans, madame. Il y

a trois mois que déjà j'aurais pu vivre en mon particulier, si j'avais pu faire quelques économies pour faire les premiers frais d'un établissement quelconque. Malheureusement on gagne très-peu lorsque l'on travaille ainsi chez les autres.

— Mais seriez vous beaucoup plus avancée si vous étiez dans vos meubles? Et dans ce cas quels seraient vos projets?

— Je prendrais des ouvrières, des élèves pour m'aider dans ma nouvelle carrière, et avec une conduite irréprochable je pourrais former un des meilleurs établissemens de Paris.

— Eh bien, je veux vous aider. Pour vous mettre à même de commencer, prenez ces assignats que je vous donne : ils ne sont guère bons que pour le dixième de leur valeur. La seule quantité que je vous offre peut vous mettre à même de faire quelques achats assez importans. Vous devez sans doute avec cela vous tirer de l'embarras où vous êtes.

— Je reçois cette somme avec une entière reconnaissance, madame, mais je ne puis l'accepter qu'à titre de prêt. J'espère que le succès de mon entreprise me mettra à même de pouvoir vous la rendre dans peu de temps.

— Prenez toujours. Tout en appréciant votre délicatesse, je dois vous dire que ma bienveillance et ma générosité ne se borneront pas à cette première preuve de mon amitié. Veuillez seulement, ma fille, suivre de point en point les conseils que je vous donnerai, et je puis vous assurer que vous n'aurez qu'à vous louer de votre entière soumission. Il est maintenant un point très-essentiel que j'exige de vous, c'est qu'il ne soit plus question de mon neveu, et je vous défends très-expressément de le recevoir chez vous.

— Je vous promets, madame, qu'en tout je suivrai très-exactement les instructions qu'il vous plaira de me donner. Elles seront la règle de ma conduite.

— Commencez ce petit établissement que vous projetez. Sans doute qu'avec de la sagesse et de la conduite vous pourrez prospérer ; mais je vous renouvelle ma prière : que votre destinée soit absolument ignorée de mon neveu.

— Tout s'exécutera ainsi que vous le désirez madame.

— Venez me voir quelquefois : vous aurez à vous féliciter de vos attentions pour moi, par la véritable bienveillance que je vous témoignerai.

—Je me montrerai toujours digne, madame, et de votre confiance et de vos bontés.

Cette digne madame d'Armantières congédia sa petite couturière, fort contente de sa douceur et de sa soumission, et surtout charmée d'avoir exercé sa générosité envers cette jeune personne, en qui elle semblait déjà avoir la plus grande confiance.

Aussitôt qu'Alphonsine Rigaut fut sortie de l'hôtel de madame d'Armantières, elle s'occupa du petit mobilier qu'elle voulait se procurer et qui devait être la base de sa petite fortune. Cette très-grande affaire pour elle fut le travail de plusieurs jours, et son installation dans son petit appartement suivit immédiatement.

Alphonsine Rigaut était le quatrième de six enfans, qu'avait eus le bon père Rigaut, pauvre cordonnier de la rue Saint-Pierre-aux-Bœufs. En son enfance il avait été enfant de chœur à Notre-Dame ; il se plaisait encore à aller servir les messes basses lorsque l'on en disait, et le sacristain lui donnait de temps en temps de quoi avoir un pain de quatre livres pour donner à ses enfans. Mais on ne disait plus de messes, et la misère chez lui ne faisait que croître. Il comptait beaucoup sur sa fille Alphonsine, qui travaillait bien dans son état de couturière et qui ne manquait pas de moyens. Semblable à beaucoup d'autres enfans, Alphonsine ne pensait qu'à elle ; elle avait presque entièrement oublié sa famille.

C'était quelque temps auparavant que le jeune Alexandre des Retours avait vu cette jeune personne chez sa tante, lorsqu'elle venait y chercher de l'ouvrage pour une couturière chez laquelle elle travaillait. Son extrême jeunesse, sa beauté, l'ensemble d'une physionomie divine, lui avaient inspiré un amour qui paraissait très-vif parce qu'il était encore augmenté par une résistance à laquelle il ne s'était pas d'abord attendu de la part d'Alphonsine. Cette jeune personne, qui connaissait déjà très-bien l'art de dissimuler, bien qu'à son âge on y soit encore novice, était sans doute très-éloignée de lui ravir toute espérance; au contraire, par les minauderies d'usage et par des réticences calculées, elle tâchait, autant qu'il lui était possible, d'augmenter la force de cette passion naissante, ayant grand soin d'éviter les occasions de se trouver seule avec lui. Par un calcul fort intéressé et très en usage chez les jeunes personnes de son état, la belle couturière ne voulait point avoir l'air de se laisser entraîner par un faible penchant vers un jeune homme qu'elle avait su distinguer ; mais fortement animée par la puissance de l'amour, elle semblait résister à sa passion afin de subjuguer son amant, et avoir le bonheur de le voir à ses pieds, pour être ensuite conduite à l'autel. Tout en se donnant quelques peines pour ne point donner à son amant un ascendant qui lui eût trop coûté, elle restait constamment dans une heureuse situation qui concordait parfaitement avec sa conscience. M. des Retours avait eu avec Alphonsine de réquentes conversations sur cette matière importante : tous les jours fériés il la conduisait dans les promenades et dans les lieux célèbres alors par le luxe que l'on y déployait, et surtout par les toilettes recherchées ou ridicules que l'on y admirait. Dans ces réunions qui avaient lieu chaque décadi, toutes les classes confondues passaient les soirées et même les nuits dans les danses et les amusemens, plus extraordinaires les uns que les autres. Le jardin Boutin avait d'abord été le premier asile propice aux amours et aux rendez-vous de M. Alexandre et de la charmante couturière; mais, plus tard, ce jeune homme avait loué un petit appartement meublé où elle venait quelquefois le visiter. Malgré cette liberté ou ces visites trop inconsidérées, que n'aurait jamais dû se permettre une jeune personne voulant professer quelques principes de sagesse, jamais la jeune Alphonsine n'avait eu à se reprocher la moindre concession, la moindre faiblesse dont elle aurait eu à rougir.

Les domestiques de madame d'Armantières, ainsi que tous les citoyens actifs de la capitale, allaient aussi tous les décadis se délasser des travaux de la semaine qui se composait alors de dix jours ; et cet assemblage incohérent se trouvait dans les mêmes lieux où se rencontraient nos deux jeunes amans. C'était tantôt au jardin Boutin, tantôt aux Tuileries, où tout le monde se portait en foule pour voir croître et mûrir les pommes-de-terre, que l'on avait avec grands frais ensemencées dans les deux grandes allées du jardin. La récolte en fut extrêmement chère à nos chers représentans. Ils avaient semé la sottise, ils recueillirent le ridicule...

Les domestiques de la bonne vieille madame d'Armantières avaient rendu compte à leur maîtresse de leurs observations sur le neveu de la maison. Tous s'étaient facilement aperçus que cette petite intrigue, qui paraissait d'abord être sans suite comme sans conséquences, semblait devenir chaque jour plus sérieuse et plus importante. Madame d'Armantières fit suivre son neveu : elle fut convaincue de la vérité de tout ce qu'on lui avait rapporté. Cette bonne parente en parla un jour à M. Alexandre avec sa bonté ordinaire, en lui prouvant qu'elle était parfaitement instruite. Ce jeune homme ne voulut pas d'abord en convenir; poussé à bout, et pressé par madame d'Armantières, il finit par avouer sa faiblesse ; mais il lui fit entrevoir que cette petite intrigue ne pouvait être qu'un enfantillage ou une amourette, qui ne pouvait avoir qu'une durée de quelques semaines, et qu'il y avait trop de rigueur à regarder comme une affaire sérieuse ce qui n'était qu'un caprice sans conséquences. La tante fut d'abord dupe de cette confidence ; elle ne s'en occupait plus, parce qu'elle aimait beaucoup son neveu, et le croyait incapable de la tromper. Cependant des rapports plus sérieux furent faits à madame d'Armantières, par les émissaires qu'elle avait mis en campagne ; elle fut éclairée sur la véritable situation de ces premiers amours, mais elle ne le fut pas sur le compte personnel d'Alphonsine, qu'on lui avait fait entrevoir sous un aspect extrêmement favorable. On lui avait peint la jeune couturière douée des qualités les plus estimables, vertueuse sans prétention, spirituelle sans pédanterie, belle sans coquetterie; n'obéissant encore qu'aux premières impressions de la nature, et dont il était facile de restreindre ou de modeler le caractère ainsi qu'on le désirerait. Orpheline en bas âge, abandonnée de ses parens, elle intéressait tout le monde, et l'on ne rejetait que sur son inexpérience les petites fautes qu'elle commettait en se trouvant aux rendez-vous de son amant.

D'après ces notions qui plaçaient Alphonsine dans une sphère si agréable, madame d'Armantières la fit venir auprès d'elle, bien convaincue que c'était la seule marche qu'elle eût à suivre pour sauver son neveu d'un dédale de circonstances qui auraient pu l'entraîner à sa perte. Cette bonne dame savait très-bien qu'elle ne pouvait se fier à son neveu, qui lui avait caché la vérité avec autant d'adresse que de soin, malgré l'indulgence dont elle n'avait cessé de lui donner des preuves. Tout semblait lui prouver, au contraire, que sa confiance en la jeune Alphonsine était bien placée, et elle était fort tranquille de ce côté.

La jeune couturière, dont le caractère dissimulé semblait se développer, ne tint aucun compte de ce qu'elle avait promis à cette bonne madame d'Armantières ; elle se hâta de communiquer à son amant les exigences de la tante et lui vanta la soumission qu'elle avait montrée en cette circonstance, pour lui prouver combien elle lui était dévouée. Cependant mademoiselle Alphonsine, malgré cette obligation positive et sacrée qu'elle avait contractée, et dont elle avait reçu la récompense ou le salaire avant même l'exécution des conditions, ne chercha point à éloigner son amant; elle fit au contraire éclater et le pouvoir de ses charmes et sa prétendue bonne foi, pour l'attacher davantage à sa personne. Ils se promirent, pour mieux tromper la bonne douairière, d'être plus circonspects et plus réservés à l'avenir; surtout de ne point se faire voir en public, afin de faire croire à madame d'Armantières que toute liaison avait cessé entre nos jeunes amans.

CHAPITRE II.

CONSEILS GÉNÉREUX.

*L'audace est mal apprise
De ceux qui font une entreprise
Sans douter de l'événement.*
Malherbe.

La parole suffit entre les grands courages.
Corneille.

Cette conduite astucieuse de la jeune couturière n'était point, ainsi que déjà on l'a énoncé, le résultat d'un véritable amour pour le jeune des Retours; son cœur n'avait éprouvé en sa faveur aucune inspiration de tendresse, aucune impression favorable : sa conduite n'était que le résultat de sa petite ambition. Elle était convaincue que le mariage était un état bien plus indépendant que celui d'une jeune fille livrée sans cesse à la censure, à la surveillance de toutes les personnes de sa connaissance. Dans l'état du mariage, ce n'est qu'à son mari que l'on doit compte de sa conduite, et lorsqu'on a un caractère comme celui d'Alphonsine, on se promet d'avance de s'emparer de l'autorité par tous les moyens imaginables, ce qui réussit presque toujours. On peut alors en imposer à tous ses amis; et le public n'a plus rien à voir dans les secrets du ménage.

La jeune Alphonsine voulait, aux dépens même de la parole qu'elle avait donnée à la tante, faire un établissement avantageux avec le cher neveu, et, par cette même alliance, porter un nom au-dessus de la classe vulgaire, un nom un peu sonore, et capable de la faire briller dans une sphère plus élevée.

Le désir de parvenir à ce degré de gloire ou de puissance avait fait naître toutes les petites combinaisons d'Alphonsine : elle y eût volontiers sacrifié son honneur, si cela eût été nécessaire, puisqu'elle y avait sacrifié la promesse sacrée qu'elle avait donnée à madame d'Armantières. Le jeune des Retours n'avait point des vues aussi étendues; il avait vu la belle Alphonsine, parée de tous les charmes dont elle avait été comblée par la nature : son cœur s'était donné à cette jeune personne ; il aimait réellement et sincèrement Alphonsine, et d'après les protestations qu'elle lui faisait, il était convaincu qu'il en était adoré, bien que du côté de la jeune couturière tout se réduisît à des calculs qui naissaient de l'intérêt personnel et à des circonstances que le hasard pouvait faire éclore.

Depuis qu'Alphonsine s'était retirée dans le ménage d'une simplicité recherchée qu'elle s'était procuré des fonds provenant de la munificence de madame d'Armantières, le jeune Alexandre ne la quittait presque plus. Quant à la couturière, il semblait qu'elle n'eût plus la moindre souvenance de ce qu'elle avait promis à cette bonne et respectable dame ; et injonction d'une part et obligation de l'autre, furent considérées par elle comme n'ayant jamais existé.

Il était impossible que cet état de choses pût être de longue durée ; tout semblait annoncer un changement de conduite ; d'un côté, madame d'Armantières faisait sans cesse suivre son neveu, parce qu'elle avait fini par concevoir quelques doutes sur les véritables intentions d'Alphonsine, qu'elle n'avait point vue paraître chez elle malgré sa prière et le désir empressé qu'elle lui avait montré. Tous les rapports que l'on faisait à la bonne dame prouvaient clairement qu'elle ne se trompait pas dans ses conjectures; d'un autre côté, le jeune Alexandre, était toujours plus empressé auprès de son amie, toujours brûlant d'un amour que l'on avait l'air de combattre, parce qu'on voulait pour résultat un acte cimenté par les autorités, acte qu'elle sollicitait avec empressement et qu'il éloignait de tout son pouvoir, malgré son violent amour et tout l'ascendant qu'elle avait sur lui. Il préjugeait avec raison que cette union, toute clandestine et secrète qu'elle pourrait être, viendrait à la connaissance de sa tante, et que par cette impardonnable faiblesse il s'attirerait sa malveillance et peut-être sa haine, et perdrait par conséquent toute la fortune qu'il pouvait en espérer.

Madame d'Armantières, s'apercevant qu'elle était la dupe de la jeune couturière, pour laquelle elle s'était promis de faire beaucoup ; irritée, indignée de tant de ruse et d'ingratitude, et voulant éviter les malheurs qu'elle prévoyait, résolut, en désespoir de cause, d'en parler à son neveu.

— J'avais la présomption de croire, mon cher ami, lui dit-elle, que vous auriez quelque condescendance pour les volontés, ou seulement les désirs d'une parente qui vous a fait du bien et qui veut vous en faire encore, autant que votre soumission excitera cette bienveillance ; et vous savez, mon bon ami, qu'elle forme à elle seule tout ce que vous avez de famille dans le monde.

— Vos conjectures et vos prévisions, ma chère tante, doivent être basées sur des faits positifs. Ce sera toujours avec joie que j'irai au-devant de vos désirs et de tous les vœux que vous pourrez former. Vous me reprochez sans cesse une amourette que votre haute sagesse ne devrait point apercevoir, parce que sérieusement une liaison de cette nature ne peut entraîner à aucune conséquence fâcheuse.

— Mais, mon ami, puisque cette petite fille vous est indifférente, il doit vous être facile d'y renoncer ; obligez-moi de ne plus la voir. D'après ce que vous me dites, le sacrifice ne doit pas en être fort grand.

— Sans doute, ma chère tante, je pourrais facilement me soumettre à ce que vous exigez de moi, sans que pour cela mes sentimens ou mes inclinations fussent réellement froissés. J'oserai vous le répéter, ma chère bienfaitrice, que peut vous importer un délassement, un goût passager qui ne saurait avoir d'autre résultat que de me procurer quelques instans de distraction ?

— A cet égard, mon bon ami, j'ai

beaucoup plus d'expérience que vous : ce n'est point à une personne de mon âge que l'on peut en imposer; et lorsque l'on est au vôtre, l'illusion ou la présomption vous entraîne continuellement à faire des sottises, surtout lorsque l'amour est le moteur des impressions qui vous gouvernent. Mon cher Alexandre, depuis votre naissance il n'y a eu que moi qui ai pris quelque peine pour diriger votre éducation, de qui vous avez pu recevoir quelques conseils salutaires, et je voudrais encore, aux dépens même de ma tranquillité, parce que je vous considère comme mon propre fils, vous prémunir contre les embûches d'une sirène qui veut vous entraîner dans un abîme dont vous n'avez pas la plus faible idée. Mon ami, descendez au fond de votre cœur, réfléchissez sur votre situation : votre famille est très-ancienne ; elle a rendu quelques services à la plus ancienne monarchie de l'Europe. Malgré des souvenirs si agréables à ma vieillesse, je dois aussi vous dire que, dans la cruelle situation où nous nous trouvons, vos titres, vos parchemins, sont plutôt des élémens, des motifs de proscription, que des titres de recommandation. Cependant, mon Alexandre, pesez bien au fond de votre cœur cette dernière considération : si, dans le terrible état où se trouve la France dans ce moment, les idées tendent au renversement de tout principe de morale, ce n'est point une raison pour vous abandonner à faire une alliance qui vous ferait mépriser de tous ceux qui vous connaissent.

— Je puis vous assurer, ma tante, que telles ne sont pas mes intentions.

— Je dois vous ajouter une chose qu'il m'est très-pénible de vous faire envisager, c'est que malgré tous mes soins, toute ma sollicitude pour un neveu que j'aime comme mon fils, votre éducation a été très-négligée, parce que les institutions et les maisons d'éducation depuis long-temps sont abandonnées ; malheureusement il m'a été impossible de m'occuper moi-même des progrès que vous auriez pu faire. Ce défaut de connaissances a été cause, malgré toutes mes sollicitudes, que je n'ai pu trouver pour vous aucune place jusqu'à ce jour, afin de vous assurer dans une carrière quelconque une destinée indépendante. Je sais très-bien ; par le temps qui court, que, s'il se trouve une place vacante dans les administrations, ce n'est point à des personnes de notre classe qu'on l'accorde, cependant si vos moyens n'avaient pas été presque nuls, il n'y a pas de doute que j'y serais parvenue.

— Plusieurs fois vous m'avez entretenu de ces circonstances, et dans ce moment je ne vois pas où vous voulez en venir.

— C'est pour vous faire réfléchir davantage à votre position. Je vous le demande à vous-même, mon cher

Alexandre, quelle serait votre destinée si, malgré ma défense, et enfin malgré mes prières, qui doivent pourtant avoir pouvoir sur votre âme, que je crois encore exempte de bassesse, vous alliez contracter un mariage avec ce petit mauvais sujet qui vous déshonorerait aux yeux de tout le monde? Que feriez vous sur la terre avec une épouse dont la conduite, finissant sans doute par devenir scandaleuse, vous fera partout montrer au doigt? Quels seront vos moyens d'existence lorsque je vous aurai abandonné et que j'aurai disposé de ma fortune en faveur de tout autre que vous? Les faibles productions des ouvrages de votre épouse ou ses misérables intrigues, car elle paraît être douée de quelques talens astucieux, vous feraient-ils vivre honorablement dans le monde? Sa beauté même, et elle n'en est pas dépourvue, sa beauté, si l'honneur peut encore guider votre cœur, sera pour vous une source de tribulations et de douleurs, et vous ne porterez l'ennui ou le supplice de votre existence parmi les hommes, que pour être en proie au repentir et au regret de n'avoir point suivi les sages conseils d'une tante qui vous aime et qui veut tout sacrifier pour vous rendre heureux.

— Ma chère tante, je vous en supplie, ne m'accablez pas ainsi en me rappelant des devoirs sacrés dont mon cœur ulcéré me retrace l'importance; croyez que désormais je ferai tout pour mériter tant de bontés, et soyez convaincue que vous n'aurez plus de semblables reproches à m'adresser.

— Je vous connais trop, mon bon Alexandre, pour ne pas apprécier vos sentimens; je sais que ce que vous me dites maintenant en est l'expression, et je sais aussi que dans cet instant votre cœur vous dicte impérieusement la nécessité de ne jamais vous écarter des principes de loyauté qui vous guident ; mais je sais aussi que je dois peu compter sur la solidité de votre caractère, parce que vous êtes trop faible et vous laissez toujours entraîner à une première impression. Cependant je suis assez juste pour ne rien préjuger d'avance ; j'aime à croire que votre bon naturel l'emportera, et que vous suivrez les conseils d'une parente à qui déjà vous devez tout, et qui s'est dévouée pour vous conduire par une voie honorable et vous préserver des menées d'une aventurière qui ne cherche qu'à vous séduire et à vous faire tomber dans un précipice d'où vous ne pourriez jamais sortir.

Le jeune des Retours, en quittant madame d'Armantières, se promit bien de ne plus lui donner aucun sujet de mécontentement, et de rompre avec la sirène qui l'avait enchanté, mais avec laquelle il ne pouvait parvenir au but qu'il s'était d'abord proposé sans en venir à des conclusions trop sérieuses, conclusions qu'il ne pouvait admettre sans se rendre ridicule et se brouiller avec sa bonne tante. Cette résolution prise bien sérieusement l'agitait encore lorsqu'il arriva auprès de la jeune fille, à qui il avait décidé de faire part de toutes ses déterminations. Il n'osa cependant pas le faire ce jour-là; il trouva son Alphonsine si gaie, si aimable, si belle, qu'il remit à un autre jour l'annonce d'une nouvelle qu'il considérait comme affreuse, parce qu'elle devait apporter le trouble et la consternation dans l'âme de celle qu'il aimait et de laquelle il se croyait si tendrement aimé.

Après plusieurs jours de réflexion, M. des Retours prit enfin la résolution d'être un peu plus ferme et plus courageux ; et, malgré les suites terribles qui pouvaient en résulter, il se détermina à lui faire cette grande confidence avec l'accent de la douleur et du désespoir.

— Je sais, mademoiselle, lui dit-il, que je puis être cause de quelque malheur; mais mon devoir m'oblige à faire le sacrifice de mes affections. Jusqu'à présent j'ai su apprécier l'intérêt que vous me portez et tout l'amour que vous avez pour moi; je sais que si jusqu'à ce moment vous avez vertueusement combattu mes extrêmes désirs, c'est votre sagesse qui vous a préservée, et je ne vous en aime que davantage Cependant, malgré le grand attachement que je vous conserverai toute ma vie, il faut que je rompe avec vous les liens qui faisaient mon bonheur.

— Je ne vous comprends pas bien, monsieur Alexandre.

— Je ne peux plus mécontenter ma tante, qui a pour moi une tendresse sans exemple et des bontés que je ne dois plus trahir : il faut absolument que je cesse de vous voir.

— Eh! quoi? monsieur Alexandre!

— Je dois m'attendre, ma chère Alphonsine, à être traité comme le dernier des hommes; je sais que rien ne peut être comparé à l'attachement que vous avez pour moi; mais vous me pardonnerez sans doute en raison de la nécessité de ce grand sacrifice. De mon côté, en dussé-je souffrir les plus affreux supplices, j'ai résolu d'en subir toutes les circonstances.

— Mais c'est très-bien vu, monsieur des Retours; votre conduite est celle d'un homme très-délicat; d'un homme d'honneur, enfin....

— J'ai donc lieu de penser que vous, mademoiselle...

— Moi ? Il me semblait que j'avais quelques raisons de croire que vous m'aimiez réellement, moi, qui vous adore de toute mon âme! mais puisque je me suis trompée si grossièrement, c'est un malheur dont je parviendrai sans doute à me consoler.

—Je suis un peu surpris de voir de

quelle manière vous apprenez cette nouvelle, qu'il me coûtait tant de vous annoncer. Il est heureux d'ailleurs qu'elle vous cause aussi peu de surprise, et que vous en receviez la déclaration avec une telle indifférence.

— Mais vous devez penser, monsieur Alexandre, qu'il y aurait de la duperie de ma part à vous conserver un attachement que vous ne méritez pas. Il serait bien fâcheux pour moi d'être toujours animée pour vous d'un amour aussi vif, aussi tendre que celui que j'éprouvais, et que, sans doute, vous n'avez jamais partagé.

— Je conviens, mademoiselle, que...

— Que vous ne m'avez jamais aimée.

— Alphonsine, si vous pouviez lire au fond de mon cœur....

— J'en aurais beaucoup de regrets, car si j'avais ce talent j'acquerrais la certitude que, si jusqu'à présent le mien a été exclusivement à vous, le vôtre a toujours été aussi froid que le marbre.

— Comme vous me jugez avec rigueur! Il semble que vous preniez plaisir à m'accabler par des reproches immérités.

— Les preuves sont là pour justifier tout ce que je dis ; au surplus je puis vous assurer, M. Alexandre, que votre détermination, ou ce que vous appelez votre délicatesse ou votre devoir, me met extrêmement à l'aise, et même me rend un service très-important. Très-gauchement j'avais rejeté des propositions fort avantageuses qui m'avaient été faites par M. Richard....

— Quel est donc ce monsieur Richard ?

— C'est un très-aimable et très-honnête homme, qui certainement mérite qu'on s'attache à lui. C'est un menuisier qui reste près d'ici, et qui m'a fait demander en mariage il y a quelques jours. Ne prévoyant pas votre changement, ne pouvant conjecturer qu'il y avait quelque versatilité dans votre caractère et dans vos sentimens, j'ai eu la maladresse de lui répondre avec hauteur et indifférence. Certainement, puisque tout change, puisqu'il vous plaît de sacrifier un amour aussi pur, aussi tendre que celui que j'avais pour vous, il faut que je change également, et de mon côté je vais me former un plan de conduite qui me dirigera au bonheur par une route certaine.

— Je ne savais pas, mademoiselle... que..... M. Richard....

— Non, sans doute, vous ne pouvez pas le savoir, puisque entièrement à vous, je n'y avais pas attaché la plus faible importance; mais, d'après ce qui vient de se passer entre nous, la demande de M. Richard devient pour moi un événement des plus heureux.

— Comment, mademoiselle Alphonsine, vous vous détermineriez...?

— Mais je pense que c'est vous

rendre un très-grand service, puisque, par cette résolution de ma part, vous serez tout naturellement débarrassé d'une personne qui, d'après ce que vous venez de me dire, doit vous être fort à charge, et qui, si elle y mettait de la tenacité, vous nuirait beaucoup et dans vos affections et dans votre fortune.

— Cependant, Alphonsine, il me semble que vous auriez pu mettre moins de dureté à mon égard... afin que notre rupture eût lieu sous les auspices d'une meilleure intelligence... et...

— Allons, monsieur des Retours, daignez ne point étendre une conversation qui devient fatigante pour moi. Il est bien certain que nous n'avons

plus rien à nous dire, ainsi........ fi-
nissons.

M. Alexandre ne se fit pas répéter un congé qui semblait définitif, et qui était donné sans doute avec quelque apparence d'irritation, mais très-positivement et sans réplique. Il sortit de chez son Alphonsine, sans décider si, dans l'état où se trouvait son cœur, il aurait le courage de ne plus revenir chez elle. Il se rendit chez sa bonne tante, à qui il donna cependant l'assurance, d'après la scène qui venait d'avoir lieu chez Alphonsine, de ne jamais reparaître soit dans son appartement, ainsi que dans tous les endroits où il pourait la rencontrer. Madame d'Armantières lui sut bon gré de cette première confidence ;

elle lui en montra beaucoup de bienveillance. Cependant, au fond de son cœur, elle jugea que cette prompte détermination ne pouvait pas partir d'un sentiment bien profond, et que la suite lui prouverait sans contestation que lui-même, dans ce moment, était dans une très-grande erreur.

La jeune Alphonsine ne s'était point attendue au singulier compliment que lui avait adressé son amant; rien auparavant n'avait pu lui faire présager cet événemennt, excepté la conversation qui avait eu lieu entre madame d'Armantières et elle; elle avait eu l'art de ne laisser apercevoir sur sa physionomie, ni la surprise qu'elle éprouvait, ni le dépit qui devait nécessairement en être la suite. Jamais le menuisier Richard ne lui avait parlé, ne lui avait adressé une parole d'amour, bien que chaque fois qu'Alphonsine passait devant sa boutique, il cherchât à se faire remarquer par des regards pleins de satisfaction et de plaisir. La petite couturière, dans sa coquetterie, s'en était facilement aperçue; elle résolut d'en tirer parti, aussitôt qu'elle eut compris le sens de la conversation du jeune Alexandre; et sans paraître émue de cette rupture, elle sembla y répondre avec beaucoup de sang-froid, ce qui confondit le jeune homme. Aussitôt qu'il fut parti, elle mit à exécution cette première idée sans conséquence, et conçue seulement pour montrer à M. des Retours une indifférence qui n'était pas dans le fond de sa pensée. Elle se rendit chez le menuisier Richard, qui ne se doutait nullement quel pouvait être le motif d'une visite, qui lui causa beaucoup d'étonnement, mais qui lui fît beaucoup de plaisir. Alphonsine lui demanda différens ouvrages, fort utiles dans son nouvel appartement. Dans la manière de s'exprimer avec le menuisier, elle s'efforçait de mêler cette grâce qui naît toujours d'une coquetterie étudiée. Cette amabilité vraie ou factice fut prise de bon aloi par le bon artisan ; et l'artificieuse couturière, par ses minauderies, finit par le subjuguer. Contente d'elle-même, comme du pouvoir qu'elle avait exercé sur le jeune homme, elle l'invita à venir chez elle, pour lui faire prendre diverses dimensions nécessaires pour faire les ouvrages qu'elle lui avait demandés. Elle se retira bien certaine que, dans la première conversation qu'elle aurait avec lui, elle le forcerait à se jeter à ses pieds.

Le jeune des Retours ne pouvait positivement se rendre compte des sentimens qui l'occupaient; il ne revenait pas de sa surprise, de l'impression singulière qu'avait causée sur l'âme de la charmante Alphonsine la déclaration qu'il lui avait tant coûté de faire, et qui avait été reçue avec tant d'indifférence. Je croyais avoir assez de talent, disait-il, avoir prouvé assez d'amour, pour supposer que je ne devais pas être indifférent à une femme que j'aime avec tant d'ardeur, et il faut toute la force de mon caractère pour avoir eu le courage de lui déclarer qu'il était de toute nécessité de rompre avec elle, afin de pouvoir reconquerir la bienveillance et les bontés de ma bienfaitrice; si j'étais assez malheureux pour ne pas sentir toute la délicatesse et de ma position et de toute ma reconnaissance, je serais un misérable indigne de toute commisération. Je ne puis rester ainsi, continua-t-il; il faut que je revoie cette perfide, que j'ai tant aimée, et pour laquelle désormais je ne puis plus avoir que du mépris, puisque mon amour était si mal placé ; je veux lui déclarer, avant de l'abandonner tout-à-fait, qu'elle s'est constamment méprise sur les sentimens qu'elle m'avait inspirés, et que je ne l'ai jamais aimée. Tout en s'exprimant ainsi, il s'acheminait vers la nouvelle demeure de son amante, avec laquelle il était plus que jamais décidé à rompre.

Alphonsine revenait dans son petit appartement, après avoir quitté le menuisier Richard, lorsque M. Alexandre se présenta devant elle. Elle avait employé dans sa feinte mise de simplicité et de modestie tout l'art qu'elle avait cru nécessaire pour subjuguer instantanément le bon artisan, qui se croyait déjà le mari de la belle couturière. Lorsque l'amour-propre nous séduit et nous entraîne, il est si facile de faire des châteaux en Espagne! En voyant M. des Retours, Alphonsine eut l'air d'être extrêmement étonnée.

— Eh quoi! monsieur Alexandre, vous revenez dans cette maison, lorsque vous vous étiez promis de n'y plus remettre les pieds? En vérité, vous êtes d'une inconséquence...

— Mais, mademoiselle, d'où peut-elle naître !

— De votre détermination, qui semblait être prise irrévocablement.

— Je conviens, mademoiselle, que telle est ma résolution; mais j'ai voulu vous voir encore une fois, pour vous dire que, si j'ai eu un faible attachement pour vous, vous m'en avez complètement guéri par l'indifférence que vous m'avez montrée aujourd'hui ; et je vous avoue que j'aurais cru...

— Mais, mon Dieu, monsieur, je vous en supplie, trêve de toute récrimination ; d'après ce que vous m'avez dit positivement, d'après tout ce que vous m'avez fait entendre, je ne dois plus compter sur la plus faible étincelle, je ne dirai pas d'amour, vous n'en avez jamais eu pour moi, mais d'amitié, qui me semblait si séduisant de votre part dans ma modeste position : il me semble donc qu'il est fort inutile de vous présenter ici dans un moment fort important pour moi, puisque je m'occupe d'un établissement qui doit faire le bonheur de ma vie.

— Mademoiselle, je ne pourrais vous dire tout ce qui se passe en moi....... dans un moment où je vous vois si belle, si charmante, malgré ce que vous pouvez me dire de désagréable, et j'avoue...

— Laissons donc, monsieur, ces vaines protestations; vous devez savoir combien elles deviennent inutiles.

— Je conviens....

Dans ce moment la porte s'ouvre, et l'on voit paraître le menuisier Richard, qui s'était un peu endimanché, pour faire une première visite au charmant objet de ses tendres affections. Il s'avança d'un air d'assurance auprès d'Alphonsine : il n'avait encore aperçu qu'elle, et il s'apprêtait à lui adresser un joli compliment ; lorsque auprès de la charmante personne il vit le précédent ami de la maison dans une situation aussi extraordinaire que la sienne, c'est-à-dire dans un étonnement qu'il serait difficile de dépeindre. Tous les deux se regardent, sans trop savoir ce qu'ils doivent se dire. Alphonsine, qui devine facilement ce qui se passe au fond de leurs cœurs, s'empresse de prévenir des explications désagréables.

— Ah ! monsieur Richard, dit-elle en allant au-devant de lui, combien vous me faites plaisir d'être exact au rendez-vous que je vous ai donné! Vous venez précisément au moment où j'avais le plus besoin de vous. Pardon, monsieur des Retours, dit-elle en s'adressant au neveu de madame d'Armantières, j'ai vraiment différentes affaires à terminer avec monsieur, je vous aurais beaucoup de reconnaissance, monsieur, si vous vouliez avoir la bonté de nous laisser seuls.

— Mademoiselle... Certainement...

— Je vous fais cette observation, monsieur, bien persuadée que ce que vous avez à me communiquer n'a pas besoin de plus grande explication ; ce que jai à dire à monsieur Richard est d'une toute autre conséquence.

— Vous pourriez, mademoiselle, dit le jeune Alexandre, qui semblait stupéfait de cette manière de congédier son monde, réfléchir que ce n'est pas ainsi que l'on renvoie de chez soi quelqu'un qui mérite quelque considération.

— Oh! monsieur, combien vous vous méprenez sur le motif de mon empressement à vous prier de me laisser seule avec M. Richard! Croyez bien, M. Alexandre, que j'ai la plus grande vénération pour les vertus de votre tante madame d'Armantières, pour laquelle vous venez me voir. Dites-lui bien, monsieur, que c'est grande satisfaction pour moi que de me rendre à ses ordres, afin de lui prouver ma parfaite obéissance...

— Mademoiselle...

— Puisque vous venez aujourd'hui de sa part pour les ouvrages qui lui sont nécessaires, je vous prie de lui dire que ses ordres seront ponctuellement exécutés.

— Mademoiselle... Ce n'est pas positivement pour madame d'Armantières... que je... viens...

— Je le sais, monsieur; mais ayant différentes choses à expliquer à M. Richard, qui a eu la bonté de venir, je dois vous dire que e désirerais me trouver seule avec lui.

— Je ne me ferai pas répéter cette injonction, mademoiselle ; je sors ; mais je dois vous dire que je n'aurais jamais cru être traité de cette manière.

— Mais je crois qu'il n'y a aucune inconvenance à vous dire que je désire être seule chez moi, et que personne n'a le droit de me disputer ma liberté individuelle.

— Peut-être... Mademoiselle... Adieu.

Un regard de courroux fut la dernière impression manifestée par le jeune des Retours. Il sortit aussitôt, en laissant fort étonnés la jeune Alphonsine et le menuisier.

— Mon Dieu, mademoiselle, dit M. Richard, que cet homme a l'air d'être de mauvaise humeur.

— C'est un original qui s'est imaginé, parce qu'il m'a vue deux ou trois fois chez sa tante, qu'il pouvait me parler avec une espèce de familiarité. Il ne sait pas qu'il se trompe du tout au tout, et que ma vertu me met au-dessus de ses recherches; d'ailleurs vous avez dû voir, monsieur Richard, de quelle manière je lui ai signifié l'ordre de sortir de chez moi.

— Je l'ai bien vu, mademoiselle.

— Aussi j'espère que jamais il n'y remettra les pieds.

— Je vous assure que je crois que vous ferez bien.

— Je vous ai fait venir, mon cher monsieur Richard, pour vous prier de faire dans cet appartement différentes armoires, encognures et séparations, qui l'embelliront singulièrement.

— Je ferai tout ce que vous désirerez, ma belle demoiselle, et même je pourrai dire que dans cette alcôve il pourrait se faire des embellissemens qui peut-être seraient de votre goût, qui feraient que vous ne seriez pas toujours seule.... Hé, hé, hé, qu'en dites-vous? Et le bon artisan riait de tout son cœur, s'imaginant avoir dit la chose la plus aimable.

— Je ne saurais trop vous répondre à cet égard, monsieur Richard, mais, pour tout ce qui regarde votre talent, je m'en rapporte parfaitement à vous.

— Mon talent, mademoiselle, mon talent! je n'en voudrais pas d'autre que celui d'avoir le bonheur de vous plaire, hé, hé, hé, j'en serais joliment satisfait.

— Oh! pour cet article, ce n'est pas une chose qui se décide le premier jour que l'on se voit.

— Je le sais bien, mademoiselle, aussi j'attendrai pour cela tant que vous désirerez.

Après cet échantillon de conversation, finement amenée d'une part et très-comique de l'autre, le menuisier s'en alla en demandant la permission de venir souvent voir une aussi jolie personne, tant pour placer divers ouvrages que pour avoir le bonheur de faire sa cour à la divinité de l'appartement.

CHAPITRE III.

MARIAGE.

Quand on ne prend en dot que la seule beauté,
Le remords est bien près de la solennité.
Molière.

Combien n'a-t-on pas vu de belles aux doux yeux,
Avant le mariage, anges si gracieux,
 Tout-à-coup se changeant en bourgeoises sauvages,
Vrais démons, apporter l'enfer dans leurs ménages!
Boileau.

A son départ de chez la couturière, M. des Retours avait manifesté un ressentiment qui semblait naître de l'orgueil froissé et de la jalousie. Il ne pouvait soutenir l'idée de voir qu'un artisan, un homme du peuple, sans principes comme sans éducation, était préféré à un homme de son rang, qui était aimé et qui croyait avoir tout fait pour conquérir l'amour et l'attachement de la charmante Alphonsine. « Il est impossible, disait-il, d'avoir plus de droit sur les sentimens d'amour et de reconnaissance que je dois en avoir sur l'âme d'une ingrate qui ose aujourd'hui me préférer un homme indigne même de mon ressentiment ; car ce serait me déshonorer si je cherchais à me mesurer avec un tel individu. Oui, tout me prouve que cette jeune coquette ne pouvait pas me convenir, et qu'il faut que je ne pense plus à tout cela. Je dois songer à mes intérêts, et dans cette circonstance ils me commandent de rester plutôt tranquille auprès de ma bonne et respectable tante que de chercher à continuer un amour ridicule avec une grisette qui non seulement ne m'a jamais aimé, mais qui se conduit avec la plus grande indécence. »

Tout en discourant ainsi, le jeune Alexandre se promenait à grands pas dans son appartement, et son agitation prouvait que tout ce qu'il disait dans sa mauvaise humeur était sans cesse en contradiction avec son agitation et avec son cœur, sur lequel la charmante Alphonsine avait fait une profonde blessure ; il ne put rester que quelques instans dans cette position, il résolut d'aller trouver immédiatement son ingrate amante.

La jeune couturière venait à l'instant de quitter l'indispensable menuisier, et comme elle avait mis dans sa conversation avec lui du dépit simulé et de la coquetterie, elle était dans tout l'éclat de la fraîcheur de la jeunesse et de la beauté. Alexandre, la voyant ainsi, fut subjugué par tant d'attraits, et dans un instant s'évanouirent tous ses projets de rupture avec une aussi belle personne ; il ne fit d'abord que bégayer quelques mots, et comme les réponses qui lui étaient faites étaient de nature à l'irriter plutôt que de le consoler, il se vit obligé d'éclater avec elle, et de lui manifester tout ce qui se passait dans son âme.

—Vous devez penser, mademoiselle, d'après ce qui vient de se passer il y a un instant entre nous, que je ne viens point ici pour un raccommodement qui ne peut pas avoir lieu, mais pour bien constater votre conduite abominable avec moi, qui vous ai montré tant d'amour et tant d'abnégation de ma personne pour une femme qui le mérite si peu; je viens savoir, enfin, comment il est possible que vous fassiez si peu de cas d'un homme qui ne voyait que vous dans le monde entier, et qui aurait sacrifié dix mille vies, si c'eût été possible, pour vous prouver votre puissance sur son âme. Votre conduite actuelle est indéfinissable pour quelqu'un qui vous a aimé avec tant d'ardeur.

— Mon cher monsieur Alexandre, veuillez bien vous pénétrer de ma position, qui est extrêmement pénible pour une jeune ouvrière qui a besoin de la bienveillance de tout le monde, afin qu'une critique calomnieuse ne puisse l'atteindre ; daignez observer que depuis fort long-temps on me croit votre épouse dans tous les lieux où l'on nous a vus ensemble, et que si j'ai été assez imprudente pour laisser s'accréditer une semblable opinion jusqu'à présent, il faut, d'après ce que vous m'avez déclaré, que je prenne une détermination contraire à tous les désirs que j'ai formés jusqu'à présent. Vous le savez, je faisais consister mon bonheur dans tout ce qui pouvait vous être agréable ; je vous ai prouvé cent fois que mon existence vous était entièrement consacrée. Eh bien, quelle récompense m'en avez-vous réservée? Une froide déclaration que vous ne m'avez jamais aimée, et qu'une rupture entre nous était nécessaire pour votre satisfaction.

— Que je ne vous ai jamais aimée?...

—Descendez au fond de votre cœur, n'y trouverez-vous pas la vérité de tout ce que j'avance, puisque vos actions sont parfaitement d'accord avec ce que vous m'avez déclaré.

—Comment, Alphonsine, vous pouvez dire que je ne vous ai jamais aimée !

—Mais sans doute, je le dis, puisque c'est la plus exacte vérité, et je vous fais votre propre juge.

— O mon Dieu ! peut-on être traité d'une manière plus affreuse ?

— Monsieur Alexandre, je vous le demande, et je vous prie de ne point vous livrer à des sentimens exaltés qui ne peuvent me convenir, à des emportemens que je ne saurais entendre. Ne puis-je dire que vous n'avez pas mis envers moi le moindre procédé honnête, la moindre délicatesse, que je suis trop heureuse, après tout ce qui m'arrive avec vous, d'avoir sans cesse résisté à un amour qui n'existait point dans votre cœur, car je serais trop punie d'une coupable condescendance, et que je dois bien me féliciter d'avoir trouvé après tant d'inconséquences commises avec vous, de rencontrer enfin un époux digne de moi ?

— Et vous supposez que vous serez heureuse avec un homme qui n'a d'autre mérite que celui d'avoir un état mercenaire ?

— Je suis convaincue que tout dans mon petit ménage viendra au-devant de mes désirs, et que l'état de mon époux, que vous cherchez à avilir parce que vous n'avez pas de choses plus désagréables à dire, est très-honorable pour moi.

— Et vous croyez que jamais le souvenir de nos premières amours ne viendra, au sein de votre prétendue félicité, en interrompre le cours ?

— Mais encore une fois, monsieur Alexandre, il est fort inutile de nous appesantir sur un avenir que je ne dois voir que sous l'aspect le plus favorable et le plus séduisant; il est bien certain que mon époux seul remplira toutes mes idées, toutes les facultés de mon cœur.

— Alphonsine, combien vous me faites souffrir !

— Avez-vous calculé, si j'avais pour vous quelque faible attachement, combien votre conduite aurait mis de désordre dans des sentimens que vous n'avez jamais su apprécier ?

— Et si je vous aimais encore de l'amour le plus tendre et le plus ardent...Alphonsine, que pourriez vous m'opposer ?

— Rien ; parce que je ne puis supposer une chose impossible.

— Cependant il n'est rien de plus vrai, ma chère Alphonsine ; je sens que jamais mon amour pour vous n'a eu autant de force que dans cet instant, et que je ne puis plus exister si vous ne me promettez de rompre avec un rival qui n'est pas fait pour posséder tant de charmes et tant de perfections.

— Je vous assure que... je ne puis consentir...

— Ma chère amie, vous ne pouvez vous faire une idée de tout ce qui se passe dans mon cœur, et combien il est exclusivement à vous depuis si long-temps... je vous en supplie, daignez... m'écouter.

M. des Retours s'était emparé d'une de ses mains qu'il pressait contre ses lèvres avec une effusion des plus attendrissantes; la jeune couturière résista faiblement, et porta son autre main sur ses yeux, afin de faire croire qu'elle voulait cacher des larmes que lui arrachait une émotion dont elle ne voulait pas paraître pénétrée.

— Mais, monsieur Alexandre..., je vous le répète, lui dit-elle en le regardant tendrement ; je ne... puis plus me permettre de vous entendre.

— N'importe, mademoiselle, j'ai une grâce à vous demander et que vous ne pouvez me refuser; c'est qu'il faut absolument que vous cessiez de voir votre nouvelle conquête; c'est qu'il faut que vous me promettiez que vous serez assez généreuse pour revenir à votre véritable ami, pour reconnaître enfin les véritables affections d'un amant qui vous adore au-delà de toute expression... ou bien... oui, mademoiselle... ou vous allez me voir expirer à vos pieds.

— Vous vous servez là d'un mot qui ne vous convient pas... véritable ami... Je ne conçois pas, monsieur, comment on peut ainsi abuser d'une expression dont les conséquences devraient faire le charme de la vie, si elle était prononcée par une personne qui sût au moins l'apprécier... Véritable ami... Et vous, monsieur Alexandre, prétendez vous l'être lorsque vous venez froidement me déclarer... ?

— Mademoiselle... ma chère Alphonsine, oublions, je vous en supplie, un mouvement d'humeur trop déplacé qui n'aurait jamais dû avoir lieu avec une femme aussi accomplie que vous. Depuis, lorsque je me suis rendu coupable d'une faute aussi grande, vous devez me rendre assez de justice pour en conclure qu'alors là je ne jouissais pas de toutes mes facultés. Dans ce moment je sens combien une semblable démarche a dû être causée par l'absorbtion de toutes mes idées aimantes, qui sont vivement senties en cet instant. Je vous demande pardon à genoux d'avoir pu porter dans votre âme une résolution aussi funeste contre moi. Mais, quelle que soit votre pensée, je ne vous demande plus qu'un sacrifice, et j'espère que vous ne me le refuserez pas, c'est que vous allez fermer votre porte à ce menuisier qui cause tous mes tourmens.

— Oui... oui, je vous promets que d'ici à demain je ne... verrai point mon ami... Richard... et que...

— Mon ami Richard!!... Comment est-il possible, Alphonsine, que vous vous serviez sans cesse d'une dénomination qui me cause tant de mal. Puisque je vous fais l'aveu de toutes mes fautes, et qu'il ne m'arrivera plus de vous causer du chagrin, daignez au moins avoir quelques faibles condescendances à mon égard ; c'est une prière que je vous fais...

— Mon Dieu ! mon... Monsieur Alexandre, je ferai tout ce que vous désirerez... mais aussi... vous ne pouvez pas trouver mauvais que, dans mon incertitude sur les dispositions de votre cœur, je vous fasse observer que je ne puis aucunement compter sur vous... et que je ne puis encore connaître le fond de ma pensée.

— Je vous jure, ma chère Alphonsine, que...

— Ne jurez pas, je vous prie ; je peux être un peu exigeante à votre égard, mais rendez-moi justice ; puisqu'il s'agit dans ce moment d'un établissement convenable pour moi.

dois-je hésiter de saisir la fortune qui vient frapper à ma porte? Vous-même, monsieur Alexandre, que feriez-vous à ma place?

— Je ne puis rien vous dire de contraire à tout ce que vous exposez, car la raison et la sagesse vous guident dans toutes vos actions ; mais si jusqu'à présent les sermens que je vous ai faits ne sont pas les garans du plus ardent amour et de la constance la plus soutenue, je vais vous prouver la sincérité de mes sentimens de la manière la plus incontestable. Dès demain, si vous le jugez à propos, nous irons à la commune, et nous y ferons dresser le procès-verbal de notre mariage, et nous nous unirons par des liens indissolubles.

— Sans doute, monsieur, votre proposition me flatte infiniment ; cependant elle mérite quelques réflexions de ma part.

— Non, mademoiselle, nous ne pouvons pas attendre plus long-temps; et puisque de votre côté vous aspirez à un établissement, vous devez...

— Eh bien, demain... ou un autre jour... nous verrons.

C'était justement où l'attendait la jeune couturière; et bien qu'elle ne pût pas y mettre beaucoup d'empressement, elle était intérieurement enchantée de la proposition de son amant, et elle se serait bien gardée de ne pas saisir une semblable occasion pour porter le nom de dame des Retours qui flattait tant son amour-propre. Ce jeune homme la quitta donc après avoir acquis la certitude que rien ne s'opposerait plus à son bonheur; se promettant mutuellement de prendre toutes les précautions possibles pour que leur union ne parvînt point à la connaissance de madame d'Armantières.

Ainsi qu'il en était convenu, le lendemain matin le jeune Alexandre, empressé comme un amant passionné, vole auprès de la belle couturière. En entrant chez elle, à sa très-grande surprise, il voit ce damné de menuisier, qui avait l'air de fort mauvaise humeur; il paraissait très-animé de la conversation qui venait de se terminer avec Alphonsine. Un regard plein de courroux est jeté sur le jeune des Retours. « C'est sans doute pour ce beau monsieur, dit-il, que je suis traité aujourd'hui d'une manière aussi indigne pour la plus ingrate des femmes ? Soyez tranquilles ! ajouta-t-il en s'en allant, je me vengerai tôt ou tard d'une conduite aussi abominable. » La couturière voulut s'excuser en y mettant beaucoup de douceur, et Alexandre allait répondre avec moins de ménagement, mais Richard ne leur donna point le temps de faire d'autres explications ; il sortit en donnant des signes de colère qu'il avait envie de manifester d'une manière plus prononcée, si l'amant d'Alphonsine ne lui en eût imposé en prenant une attitude qui semblait lui prouver que la lutte n'aurait point été à son avantage.

Les projets de nos deux amans furent aussitôt mis à exécution. A cette époque il fallait peu de formalités pour contracter les liens de l'hyménée : il ne s'agissait pour cela que de se présenter avec quatre témoins à la maison commune, et là, sans autre autorisation des parens, sans autres convenances ultérieures de famille, on improvisait un mariage avec moins de difficulté que l'on n'en trouvait souvent à faire des repas de noces. L'esprit de législation qui avait présidé au décret de la convention qui accordait cent francs de gratification à toutes les jeunes filles qui accouchaient d'un enfant du sexe masculin avait tout élagué afin de hâter une belle progéniture à la patrie. On détruisait tant alors, qu'il fallait bien trouver des moyens de créer, pour qu'il y eût compensation sur les registres civils. Il y avait encore d'autres ressources pour séparer les personnes qui, sans trop de réflexions, se mettaient en ménage : le divorce leur permettait de briser à jamais une alliance au bout de quelques jours de mariage, pour en contracter un nouveau, s'ils le jugeaient à propos, avec d'autres individus. D'autres temps d'autres mœurs.

En sortant de la maison commune, le jeune des Retours crut reconnaître une femme de chambre de madame d'Armantières, qui s'avançait vers l'autel de la patrie avec son marié, ainsi qu'il venait de le faire, pour prononcer les sermens de fidélité, qui d'ailleurs étaient très-succincts. Ce jeune homme avait la vue basse, et soit qu'il ne fût pas sûr de cette rencontre, soit qu'il fût trop empressé auprès de sa belle et chaste moitié, il y fit peu attention; mais les remarques de la domestique ne furent point faites avec autant de légèreté. Elle avait presque été témoin de toute la cérémonie qui unissait M. Alexandre à son épouse, et lorsqu'elle fut rentrée chez sa vieille maîtresse, elle s'empressa de rendre compte de tout ce qu'elle avait vu, sans cependant dire qu'elle était dans la maison commune pour son propre compte. Cette nouvelle, à laquelle madame d'Armantières ne s'attendait nullement, lui causa une forte émotion; elle avait une trop favorable opinion de son neveu pour supposer qu'il l'eût trompée d'une manière aussi révoltante, et la nouvelle positive qu'elle venait d'en recevoir l'avait vivement frappée; en se mettant au lit elle avait donné l'ordre de chercher son neveu partout où on pourrait espérer le trouver; mais ce fut vainement; le mari et l'amant de la belle couturière avait emmené son épouse à la campagne, afin d'être plus libre et de jouir tranquillement des plus beaux jours de la lune de miel. Le lendemain de sa chute, madame d'Armantières se sentant assez mal, et ne voyant point arriver son neveu, envoya chercher son notaire, afin de disposer de sa fortune de toute autre manière qu'elle l'avait précédemment fait par un testament qu'elle voulait annuler.

Malheureusement l'officier public ne s'empressa point de se rendre aux désirs de la bonne douairière ; à son arrivée auprès d'elle il la trouva dans un état de toute absence de raison. Ne jugeant point nécessaire de le constater, il s'en retourna ainsi qu'il était venu, et la bonne madame d'Armantières expira en laissant sa fortune à M. des Retours, quoique sa volonté eût été toute contraire dans ses derniers momens.

Quelle fut la surprise de M. des Retours en croyant venir trouver sa tante, qu'il s'imaginait être en parfaite santté, d'apprendre qu'elle était enterrée depuis trois jours, et de voir toute la maison en proie à la rapacité des domestiques, qui n'avaient pas même eu la précaution de faire apposer les scellés sur les meubles renfermant des objets précieux. Le mari de la belle couturière n'y regarda point de si près, il se contenta de tout ce qui restait encore ; et trop content de se voir à la tête d'une belle fortune dont il ne s'attendait pas à jouir sitôt, il ratifia tout ce qu'on exigea de lui, relativement au mobilier qu'il avait trouvé.

La joie qu'éprouva madame des Retours fut inexprimable ; aussitôt elle abandonna l'aiguille et les fanfreluches de commande, et elle vint s'établir avec son époux à l'hôtel de madame d'Armantières, qui était devenu sa propriété ou du moins celle de son mari. Au lieu de travailler pour les autres, elle fit travailler pour elle, en affectant beaucoup de goût et d'élégance dans sa mise recherchée, et comme elle était extrêmement jolie, elle passa bientôt pour l'une des plus belles femmes de Paris.

Pendant les premiers temps de la jouissance de cette nouvelle fortune, M. et madame des Retours ne s'amusèrent point à faire leur budget; connaître la dépense qu'ils pouvaient faire était un détail minutieux auquel ils n'étaient pas faits pour s'assujétir : jouir du bonheur de passer très-agréablement la journée du lendemain était le seul résultat des réflexions de la veille; ils s'estimaient heureux de se trouver sans témoins, ce qui devenait assez rare, parce que très-souvent il fallait passer des nuits au bal, aux assemblées et aux divertissemens; et comme l'on ne rentrait chez soi que le lendemain assez tard, on n'avait pas toujours le temps de former des projets agréables pour l'emploi d'une future journée.

Lorsque madame des Retours n'était encore que la jolie couturière Alphonsine, elle avait souvent été chez les demoiselles des Marches, jeunes et très-jolies personnes issues d'une des premières maisons de la Savoie. Elles jouissaient d'une belle fortune, et leur maison était le rendez-vous des jeunes gens les plus à la mode de Paris. Toutes deux n'avaient point éprouvé de vexations, si fréquentes alors ; elles n'étaient point soumises aux investigations de l'autorité, si soupçonneuse à cette époque, parce qu'elles attiraient chez elles les personnes attachées aux premiers emplois du gouvernement. Leurs salons étaient fréquentés par les Hérault-Séchelles, les Ducos, les Royer Fonfrède et beaucoup d'autres jeunes gens très-aimables qui faisaient par leur esprit et par leurs connaissances les délices de la haute société de cette funeste époque. M. des Retours y fut reçu avec son Alphonsine, d'abord parce que cette dernière, qui était pourvue de beaucoup d'attraits et d'un certain tact de convenance, se faisait remarquer de toutes les personnes chez qui elle se présentait; ensuite, comme le mariage de M. des Retours avait été célébré sous les auspices de l'*égalité*, c'était un titre de plus à l'accueil que ce jeune couple devait recevoir dans ces sortes de réunions.

Madame des Retours fut bientôt le séduisant objet des attentions de M. Hérault-Séchelles. Ce député, d'une si belle et d'une si agréable physionomie, devait trouver peu de cruelles dans le cours de ses galanteries; il réunissait tant de qualités qu'il était presque impossible à une femme aimable et coquette de pouvoir lui résister, et madame des Retours ne s'offensa nullement des propositions galantes qui lui furent faites; un seul point la gênait beaucoup, c'était la présence continuelle d'un mari très-amoureux encore, mais qui pour elle n'était déjà plus qu'un mari; et ce malheureux titre, chez certaines personnes qui peuvent être du caractère d'Alphonsine, emporte toujours avec soi une idée d'asservissement qui ne pouvait trop lui convenir. Il fut donc convenu que l'on placerait M. des Retours dans les bureaux d'une administration avec des appointemens convenables ; et comme il n'était propre à rien, on lui donna une espèce de sinécure, avec injonction néanmoins de s'arranger de manière que sa présence fût continuelle à son nouveau poste. Cet assujétissement, qui contrariait la manifestation de son amour pour sa chère Alphonsine, ne sembla point être de son goût; mais il fallut se conformer aux volontés dominantes et peut-être exigeantes de son épouse, et comme il avait une confiance sans bornes dans sa sagesse, malgré un petit grain de jalousie qui le tourmentait, il obéit sans trop de réflexions à tout ce que lui dictait une femme qui était pour lui une véritable divinité.

CHAPITRE IV.

MŒURS PUBLIQUES.

Le bonheur de l'impie est toujours agité ;
Ne cherchons la félicité
Que dans la paix de l'innocence.

Racine.

. . . . De ces femmes hardies,
Qui, goûtant dans le crime une tranquille paix,
Ont su se faire un front qui ne rougit jamais.

Racine.

Débarrassée de la trop grande assiduité auprès d'elle d'un amant qui n'était plus pour elle qu'un mari exigeant, et avec qui elle ne s'était unie que par convenance, et pour pouvoir jouir dans la société d'un nom convenable et d'une liberté affranchie de tout asservissement à ses devoirs, l'ancienne demoiselle Alphonsine Rigaut ne mit plus aucun frein à son humeur volage et bruyante; elle se livrait à tous les plaisirs que pouvait lui suggérer son imagination exaltée, à tout ce que sa tête à l'évent pouvait enfanter d'agréable et de séduisant pour s'attacher l'amour instantané de M. Hérault-Séchelles, qui flattait beaucoup son amour propre. Ce député, d'un ordre supérieur autant par sa naissance, sa brillante éducation, que par le rang qu'il tenait dans le monde, ne faisait point de la constance sa divinité favorite. Fatigué de l'amour que lui prodiguait madame des Retours, entraîné sans cesse de bonnes fortunes en bonnes fortunes, ou se livrant aux travaux et aux mûres réflexions que lui faisaient naître les circonstances politiques qui ne tardèrent pas à l'envoyer à l'échafaud, il abandonna bientôt sa belle maîtresse, qui en fut affligée un quart d'heure ; mais convaincue qu'avec autant de charmes qu'elle en possédait elle n'aurait que l'embarras du choix pour avoir auprès d'elle non pas un admirateur de ses vertus, mais au moins un appréciateur de ses attraits, elle ne s'occupa plus que de savoir bien choisir un adorateur pour remplir les désirs de son cœur trop aimant et un digne successeur à M. Hérault-Séchelles.

Un riche marchand de papiers, personnage très-influent en politique de révoltante mémoire, mais si à la mode dans ces temps affreux, membre de la commune et membre du comité révolutionnaire de la section des Piques, fut trouvé assez aimable, assez séduisant pour être instantanément le rival en main de M. des Retours. M. Arthur ne fréquentait point la classe nobiliaire, comme son prédécesseur auprès de la jeune Alphonsine, ses goûts étaient beaucoup plus plébéiens; les maisons qui se trouvaient trop heureuses de le recevoir étaient situées vers les boulevards de la Chaussée-d'Antin, où la classe du tiers-état se trouvait en majorité, mais qui n'était cependant pas celle qui était à cette époque la moins fortunée; et M. Arthur en était une preuve évidente, car il possédait une superbe collection de chevaux anglais, qui n'était pas pour lui une marchandise prohibée. Cette dernière qualité le rendait extrêmement cher à madame des Retours, car elle aimait beaucoup aller se promener en phaéton aux Champs-Élysées, avec de semblables coursiers; le public ne cessait d'admirer, cette femme à qui la nature avait prodigué les plus divins attraits.

Souvent, aux fêtes publiques qui se donnaient tous les quintidi et tous les décadi, aux Tuileries, elle se trouvait auprès de madame Tallien, qui était alors la beauté la plus célèbre et la plus accomplie ; le public était embarrassé de savoir à laquelle des deux il pouvait offrir la palme de la beauté. Madame Tallien étonnait davantage par sa mise originale ; presque toujours habillée en déesse de la Liberté, elle était étincelante de diamans depuis les pieds jusqu'à la tête, et les brillans qu'elle mettait à ses doigts de pieds paraissaient beaucoup plus précieux que ceux de la cuisse et ceux de la tête, car la mode alors n'était point de les porter aux mains, et madame des Retours n'avait point, malgré les folies qu'elle faisait en parure, les facultés pécuniaires de se couvrir des plus belles pierreries qui nous sont apportées des deux Indes, ainsi que pouvait le faire madame Tallien, fille d'un riche banquier et épouse d'un homme très-riche alors.

Le citoyen Chaumette était, dans ce temps de jubilation pour les sans-culottes, le grand administrateur de la police ; il avait une antipathie invincible pour cette classe malheureuse de jeunes nymphes qui présentent à l'enchère publique des appas flétris par la misère et le libertinage. Il n'a jamais été bien constaté si cette haine qu'il avait pour ces sortes de femmes était le résultat d'une vengeance particulière, mais on était bien convaincu que ce n'était point pour parvenir à améliorer les mœurs, car il fallait alors que le chef de la police donnât une grande extension au décret de la convention nationale qui accordait cent francs de récompense à toute demoiselle, de quelque condition qu'elle pût être, qui accouchait d'un enfant mâle; il fallait procréer pour la patrie, et il fallait user de tous les moyens pour parvenir à augmenter la population, celui de la détruire étant trouvé depuis quelques années; le médecin Guillotin en avait donné la recette au gouvernement, qui le faisait administrer merveilleusement dans toutes les capitales de la grande république française indivisible et impérissable. Le citoyen Chaumette poursuivait donc à toute outrance ces demoiselles qui font un commerce clandestin des charmes que presque toujours elles n'ont pas. Des agens de police amenèrent un jour devant lui deux femmes superbes, d'une mise originale ; dans nos mœurs actuelles on appellerait cela mise fort indécente, mais dans ces temps on n'y regardait pas de si près ; c'était un costume élégamment hardi ; on était dans les jours les plus chauds de l'été ; ces deux dames étaient en pantalon de tricot de soie couleur de chair, une robe à la grecque en gaze très-fine dont les plis ombrageaient quelque peu les formes et des couleurs charmantes que les dieux s'étaient plu à perfectionner lors de leur naissance, et le sein presque entièrement découvert. A la vue de tant de beautés, le sévère

Chaumette fut tout interdit, et malgré la prétendue austérité de ses principes, il se serait volontiers accommodé de l'une de ces deux déesses, quelle que fût peut-être la classe à laquelle elles appartenaient. Mais, quoique ébloui de tant d'attraits, il fallut se contenir devant les agens de police et procéder à l'interrogatoire des deux mortelles qui se présentaient avec des charmes plus beaux que ceux de Vénus.

— Quel est ton nom? dit-il à la première à qui il adressa la parole.

— Alphonsine Rigaut, épouse du citoyen des Retours, employé supérieur dans une administration de la république.

— Ton âge ?

— Dix-huit ans.

— Ta demeure ?

— Rue Mirabeau.

— Où étais-tu, lorsque tu as été rencontrée en cet état par les citoyens qui t'ont amenée devant moi ?

—A me promener, avec mon amie, autour des pommes de terre des Tuileries.

— Qui a pu t'autoriser à te présenter ainsi en public lorsque, voulant régénérer les mœurs et les coutumes des Français, nous voulons les rendre aussi purs, aussi vertueux que les anciens Spartiates ?

— Tu vois bien, citoyen Chaumette, que c'est pour parvenir à cette perfection que nous nous présentons aux yeux du peuple dans ce costume simple et sans artifice qui nous rappelle les temps héroïques où les dieux de l'Olympe venaient se délasser de leurs travaux célestes et s'amuser parmi nous.

— J'en conviens, citoyenne, mais tu ne vois pas que tu excites un scandale affreux. D'après le rapport que j'ai sous les yeux, il y avait beaucoup de monde sur vos traces lorsque toutes deux vous avez été arrêtées.

— La nouveauté excite toujours la curiosité : on nous admirait, mais personne ne paraissait scandalisé. Et d'ailleurs ne le sais-tu pas toi-même, citoyen, la Liberté, assise et souvent debout sur son char de victoire, rayonnante de gloire dans nos fêtes publiques, a-t-elle un autre costume que le nôtre? N'est-ce pas un système que vous avez adopté, et qui, sans doute, sera suivi par toutes les nations de l'univers, que de vouloir accoutumer les yeux du vulgaire à voir indifféremment à découvert les charmes d'une jeune beauté, comme cela se passait chez les anciens, que nous voulons imiter? Tu vois, citoyen, que nous ne remplissons pas encore les vœux et les intentions de nos magistrats, de nos législateurs, puisque, par une décence que nécessitent encore nos anciennes mœurs, nous portons un pantalon que nous pourrions même ôter sans que l'on nous en fît un crime. Et maintenant nous devons être très-étonnées de ce que tes agens ont osé nous arrêter, puisque, par un costume libre, nous allons au-devant des désirs de la République française.

— Tout cela peut avoir son mérite, j'en conviens ; mais je dois vous dire que vous avez été arrêtées parce qu'on vous prenait pour des filles de...

— Des filles !... des filles !... Considère, je te prie, citoyen, quels que soient leur jeunesse, leur beauté, leur costume, si jamais une fille peut nous être comparée ?

Ici le très-moral citoyen Chaumette ne put s'empêcher de regarder attentivement les deux nymphes, et le regard investigateur de l'interrogateur le força à suspendre la série des demandes qu'il s'était proposé de faire; il avait quelque honte de rester en admiration devant ses agens, qui étaient présens, et il s'empressa de les congédier, en prenant sur lui de faire seul le procès-verbal et la continuation de l'interrogatoire. Aussitôt leur départ, il revint vers madame des Retours, car c'était notre héroïne qui paraissait dans cet état de nudité, avec une jeune personne aussi jolie, aussi belle qu'elle, et que nous ferons connaître plus tard. Chaumette parut d'abord humilié de recevoir des leçons de républicanisme d'une jeune femme de dix-huit ans, devant cinq ou six misérables, qui faisaient leur métier de tout rapporter et de tout répéter. Aussi se trouva-t-il beaucoup plus à son aise lorsqu'il fut seul avec ces deux jeunes beautés.

— Vous saurez, charmantes citoyennes, que je suis extrêmement sévère envers une certaine espèce de femmes ; cette rigueur tient à mes principes, parce que je ne veux pas que l'on vende ce que la nature vous a accordé de plus séduisant, et que je trouve inappréciable ; mais vous saurez aussi que mon cœur n'est point inaccessible à la puissance que la beauté exerce sur nous. Plus je vous garde toutes deux, et plus je m'aperçois que votre pouvoir sur nos cœurs est incalculable, et je voudrais, avant d'aller plus loin, savoir de vous, charmante citoyenne, si...

— Je te prie de m'écouter, citoyen. Voilà déjà plusieurs jours que nous nous présentons dans le même costume, dans les promenades publiques ; ce n'est qu'aujourd'hui que nous avons été interrompues dans nos plaisirs quotidiens pour être conduites devant toi, et c'était tout ce que je demandais. On m'a assuré que dans la superbe fête à l'Être-Suprême, qui doit avoir lieu dans quelques jours, la citoyenne Tallien sollicitait l'honneur de faire la statue de la Liberté ; je désirerais que tu m'accordasses assez de confiance pour me répondre positivement à cet égard.

— Tallien ne voudrait pas que son épouse se fît traîner sur un char dans une fête publique, et je ne crois pas que la Gobarus ait jamais sollicité cet honneur.

— Eh bien, citoyen Chaumette, il faut choisir en ce moment, entre nous deux, laquelle peut être la plus digne pour figurer dans cette fête solennelle.

— Vous y serez toutes deux : l'une fera la République française, et l'autre la Liberté... Choisissez.

— Tu m'enchantes, citoyen, car je suis fière de faire voir à toute l'élite de la France, qui se trouve presque assemblée dans la capitale, que je suis la plus belle femme de Paris. Ainsi, puisqu'il m'est permis de choisir, je désire être la Liberté.

— Tu peux compter que tes vœux seront accomplis... Mais cependant je désirerais de mon côté...

— Mon cher Chaumette, tu peux compter sur ma reconnaissance, mais avant accorde-moi la faveur de me montrer superbe aux yeux des Français, et je me montrerai digne de celui qui accèdera à mes vœux.

— Alphonsine, je te vois aujourd'hui pour la première fois ; dans ma position politique, je suis peu accoutumé à solliciter. Cependant, je dois te le dire, il me semble qu'il y a un siècle que je te connais, et que tu deviens nécessaire à mon bonheur. Prends garde de manquer à ce que j'attends de toi.

— Tu peux compter sur la promesse solennelle et sacrée que je t'en donne ; mais il faut que nous comptions sur ce que tu nous promets à l'une et à l'autre.

— Il est une chose que je te recommande expressément, chère Alphonsine, c'est de ne plus paraître en public dans un costume aussi attrayant, aussi voluptueux.

— Si je l'ai fait avec mon amie, c'était pour pouvoir subjuguer l'autorité même, dans une demande que je voulais adresser. Mais...

— N'importe. Si vous étiez de nouveau arrêtées, il ne me serait peut-être plus possible, bien même que nous en fussions convenus auparavant, d'empêcher le cours de la vindicte publique; assimilées aux femmes que je poursuis avec force pour en éteindre la classe, vous seriez d'abord confondues avec elles; peut-être ensuite n'en subiriez-vous pas toutes les conséquences, mais ce serait fort désagréable pour vous.

— Je vous donne ma parole que...

— Ce n'est pas assez. Il est impossible que vous sortiez de chez moi en cet équipage ni l'une ni l'autre.

- Ma voiture est là qui m'attend.

Personne, je présume, ne nous verra sortir de chez toi. Adieu.

La joie de madame des Retours était à son comble. Sans doute le sacrifice qu'elle avait promis de faire était extrêmement important, mais pour elle il n'était point en balance avec le plaisir qu'elle se promettait lorsqu'elle paraîtrait sous les traits de la Liberté. Cette satisfaction était pour elle d'un si grand prix sur son cœur, que rien ne pouvait lui coûter afin de pouvoir l'obtenir.

La plus grande difficulté n'était cependant pas encore vaincue pour pouvoir parvenir à ce bonheur suprême. Elle avait à craindre que le caractère faible et pusillanime de son époux ne s'opposât à l'exécution de son projet. Depuis son mariage, elle avait donné des preuves incontestables qu'elle était maîtresse de toutes ses actions; l'exigeance des devoirs de la place qu'occupait son mari lui donnait une grande latitude ; mais cette licence fort extraordinaire de se montrer en public et dans une fête solennelle sous le costume et les attributs de la Liberté ne pouvait point passer, semblables à beaucoup d'autres, inaperçue aux yeux de M. des Retours. Il fallait donc, pour y parvenir, employer quelques moyens étrangers, quelques subterfuges, pour pouvoir obtenir son assentiment.

Elle avait remarqué chez sa marchande de modes, qui tenait un grand magasin rue des Petits-Champs, près l'église des Capucines, une très-belle personne de l'âge de quinze à seize ans. Toutes les fois que madame des Retours allait dans cette maison pour y faire quelque emplète, elle chargeait la jolie ouvrière d'apporter chez elle les modes qu'elle avait choisies. Plusieurs fois son mari avait été présent à la réception de la belle commissionnaire, et lorsque cela arrivait, il s'extasiait, en l'examinant, de voir tant d'attraits réunis dans une si jeune personne. Long-temps après son départ, la conversation avec son épouse continuait d'être très-animée au sujet de la belle ouvrière en modes. Il suffit à madame des Retours d'avoir découvert cette faiblesse, ou seulement quelque velléité de goût chez son mari pour chercher à s'attacher cette jeune enfant, qui n'avait encore éprouvé que les premières impressions que la nature fait naître dans un cœur vertueux. Sophie Duteil (c'était le nom de cette jeune modiste) avait des sentimens délicats, et sa conduite irréprochable imposait à ses compagnes une amitié bienveillante, et même une sorte de respect, qu'elles aimaient à lui manifester.

Ouvrage né d'un auteur anonyme,

Sophie Duteil avait été choisie par la marchande de modes, parmi une certaine quantité de jeunes filles de douze ans, à l'hôpital des Enfans-Trouvés. Des remarques et des annotations, faites sur les registres de l'établissement, donnaient à croire qu'elle appartenait à une famille distinguée, mais la jeune Sophie l'ignorait, ainsi que la maîtresse chez laquelle elle avait été placée. Cet état de nullité de titres de naissance, qui est en réprobation dans nos mœurs, la rendait plus intéressante encore auprès de toutes les personnes qui la connaissaient, et elle était très-aimée dans son magasin. Il y avait à peu près trois ans qu'elle y était lorsque madame des Retours la vit pour la première fois.

— Ma chère Sophie, lui dit-elle un jour qu'elle lui apportait des coiffichets qu'elle avait achetés, seriez-vous charmée de venir demeurer avec moi dans cet hôtel ?

— S'il ne fallait consulter que mon goût, répondit-elle, je pourrais vous témoigner ma reconnaissance en acceptant cette offre généreuse, mais je dépends de ma maîtresse, qui a répondu de moi à l'administration des Enfans-Trouvés, et je ne puis rien vous répondre.

— Mais si j'obtiens le consentement de madame Henriot, votre maîtresse, vous-même y consentiriez-vous ?

— Sans doute, madame ; la seule difficulté qu'il y aurait pourrait être amenée par la nature de l'emploi qui m'attacherait à vous.

— Vous serez mon amie et ma fidèle compagne, et lorsque vous aurez acquis quelque connaissance de nos usages et des convenances de la société, vous ferez les honneurs de chez moi, comme si vous étiez ma sœur ou ma fille, bien que vous n'ayez que deux ou trois ans moins que moi.

— Madame, ce titre me flatte infiniment, et vous pouvez compter sur le véritable plaisir que j'éprouverais si un tel honneur pouvait être mon partage.

— Eh bien, dès aujourd'hui, je vais en parler à madame Henriot.

Depuis son mariage, madame des

Retours avait acquis un certain tact de convenance et d'usage du monde, et l'on se trompait facilement sur son origine, que l'on avait totalement oubliée; deux ans d'un heureux hyménée et d'un état honorable dans Paris, par rapport à son mari, lui avait donné une assez bonne réputation chez ses fournisseurs. Elle n'eut donc pas beaucoup de peine à obtenir de sa marchande de modes la permission de garder chez elle la jeune Sophie Duteil, à la condition cependant qu'elle devait rentrer chez sa maîtresse aussitôt que Sophie l'eût désiré, ou qu'elle eût, par des désagrémens quelconques, la moindre intention de s'éloigner de la maison de madame des Retours.

Depuis la mort de madame d'Armantières, son neveu avait bien hérité de sa fortune, mais non pas de son économie et de son esprit d'ordre, qui étaient cause que, loin de dépenser tous ses revenus chaque année, elle avait trouvé le moyen de placer quelques sommes d'argent. Madame des Retours, qui administrait la maison, était toujours en dehors de son budget; mais elle n'y regardait pas de si près; quand les fonds manquaient, on sollicitait un remboursement de créance, et l'on avait de quoi faire face à tout. Cela ne pouvait pas durer éternellement, mais comme jamais la pensée ne voulait ou ne pouvait pénétrer dans l'avenir, on ne s'en occupait nullement. Jouir amplement du présent était pour elle les délices de la vie.

CHAPITRE V.

FÊTE A L'ÊTRE SUPRÊME.

J'ai vu l'impie adoré sur la terre :
Pareil au cèdre, il cachait dans les cieux
Son front audacieux;
Il semblait à son gré gouverner le tonnerre,
Foulait aux pieds ses ennemis vaincus :
Je n'ai fait que passer... Il n'était déjà plus.

Racine.

Faut-il, grand Dieu! que sur le front d'un traître
Brillent ainsi les plus charmans attraits !
Que ne peut-on distinguer et connaître
Les cœurs pervers à de difformes traits.

Gresset.

L'ARRIVÉE de la belle Sophie dans la maison de M. des Retours fut une jubilation pour les uns et un sujet de jalousie pour les autres. Les fortes têtes de l'hôtel se demandaient quel rôle elle était destinée à jouer auprès du maître de la maison, auprès de madame. Chacun faisait sur elle des conjectures plus ou moins profondes, suivant la capacité ou les imposantes fonctions des individus ; car dans ce temps, que l'on s'imaginait bonnement être celui de l'égalité, il y avait une grande distance entre le cuisinier et le domestique, et entre la femme de chambre et la femme de charge. Madame des Retours avait seule le secret, qu'elle ne communiquait à personne. Ses vues partaient d'une conception plus étendue, et ses déterminations avaient été dirigées par un intérêt particulier, pour parvenir à des résultats qui ne pouvaient avoir lieu que dans un temps qu'il lui était impossible de pouvoir préciser.

Les premiers soins que madame des Retours donna à sa jeune et charmante élève, les premières leçons qu'elle se plut à lui communiquer, consistèrent à changer l'acception des mots *vertu, modestie, pudeur,* qui n'avaient, selon elle, un sens précis que pour l'intelligence extrêmement bornée du vulgaire, mais que, pour les personnages d'une classe élevée, on devait nécessairement commenter et agrandir.

— Tu dois concevoir, ma chère

Sophie, disait madame des Retours à sa jeune néophyte, que cette jolie figure, assommée d'un large bonnet, n'est pas assez dégagée pour faire saisir au premier abord tout ce qu'elle offre de délicieux et de séduisant; que cette gorge si bien placée, cachée sous un double fichu menteur, ne présente rien d'attrayant à l'œil d'un courtisan à qui rien n'échappe lorsqu'il s'agit de deviner toutes nos perfections.

— Cependant, madame, je puis vous assurer que madame Henriot grondait tous les jours mes jeunes camarades, parce qu'elles laissaient trop à découvert...

— Hé, sans doute, les boutiques

des marchandes de modes sont le spectacle journalier de tous les badauds de Paris, et il ne faut présenter au peuple que des scènes en dehors de la critique et des personnages toujours costumés avec décence. Il n'en est pas de même dans nos salons, où l'on ne craint point l'œil scrutateur de la police, et où la beauté se montre dans tout son éclat. Voyez, ma chère enfant, l'extrême différence qui existe entre la mise des femmes qui se promènent au jardin Boutin, aux Tuileries, au palais Égalité, avec les costumes populaires et ridicules que portent les femmes que l'on voit continuellement aux boulevards, aux Champs-Élysées.

— J'en ai fait différentes fois la remarque, madame, et je conviens que...

— Si vous n'avez jamais été à l'Opéra, je veux vous y conduire. Là, vous verrez le ballet de Psyché, qui vous séduira par la beauté et le naturel des costumes. Mademoiselle Saunier est ravissante dans le rôle de Vénus. Sa décente nudité captive tous les cœurs, parce que toutes ses formes sont cachées sous un vêtement très-élégant, couleur de chair, qui ne laisse rien à désirer à l'admiration des hommes. Vous y verrez, ma bonne amie, cette petite Millière, dans le rôle de Psyché ; rien ne peut être comparé à sa mise attrayante et légère; et en la voyant danser dans le deuxième acte, on s'imagine voir une nymphe de l'Olympe, destinée, par ses perfections, à fixer tous les regards des dieux assemblés.

— Je conçois bien, madame, qu'à la scène cela doit être ainsi, bien que le théâtre doive être l'école des mœurs ; mais dans le monde, il me semble que l'on doit se conduire autrement.

— Tu te trompes, ma Sophie, il n'y a qu'un seul point à éviter dans le monde comme dans nos salons, c'est le scandale. Le proverbe, à ce que dit Figaro, est la sagesse des nations : un proverbe chrétien nous dit que *péché caché est à moitié pardonné.* Ce n'est donc point dans l'action qu'existe le péché, ce n'est que dans le scandale qu'il peut causer; et la société est toujours satisfaite lorsque rien ne peut parvenir à sa connaissance.

— Ce que vous dites peut être vrai, madame; mais il me semble qu'une conduite irréprochable peut seule nous concilier l'estime publique et la bienveillance de Dieu.

— Cela ne gâte rien, sans doute; mais lorsque pour embellir la vie on se permet quelques faibles écarts, quelques peccadilles, le grand talent est d'en dérober la connaissance au public, et surtout à ceux qui nous entourent, et nous sommes toujours sûrs de conserver l'estime générale.

Telle était la morale qu'employait madame des Retours, et qui était la base de l'éducation de la jeune orpheline que l'on avait confiée à ses soins ; et comme les principes vicieux, les sentimens qui conduisent à la corruption s'adoptent facilement, la pauvre enfant fut bientôt convaincue que, pour vivre heureuse dans ce bas monde, il fallait les suivre sans difficulté.

Du précepte à l'application il n'y a plus qu'un pas à faire, et ces deux jolies personnes en donnèrent une preuve satisfaisante lorsque, pour se faire remarquer et se faire voir en public dans tout l'éclat de leur beauté elles eurent la fantaisie d'adopter le costume indécent qui les fit arrêter aux Tuileries et conduire chez le chef de la police républicaine.

M. des Retours avait ignoré jusqu'aux moindres détails de ces honteuses circonstances ; chacun sait, lorsqu'il s'agit de la conduite scandaleuse des femmes, que ce sont toujours les pauvres maris qui sont les derniers à en être instruits ; et d'ailleurs, ce cher et bénévole époux qui, disait-il, adorait son Alphonsine, aurait juré sur tous ses dieux qu'elle était incapable d'une action qui eût froissé sa modestie ou sa vertu. Il croyait son épouse tellement bonne et sûre dans ses principes, et délicate dans ses sentimens, qu'il croyait pouvoir se livrer sans réserve, et sans qu'elle pût seulement s'en douter, à l'amour violent que lui avait inspiré la jeune Sophie Duteil, nouvellement installée dans son hôtel.

Les premiers élémens d'éducation qu'avaient reçus cette jeune personne avaient fait germer dans son cœur des intentions pures et vertueuses, et malgré les leçons de son institutrice, il y avait beaucoup de difficulté pour parvenir à un résultat de corruption.

Madame des Retours, qui avait autant d'astuce que de prévoyance, avait l'air de fermer les yeux sur tout ce qui se passait chez elle; elle se prêtait même, avec une aménité, une amitié que l'on eût prise pour une entière abnégation, à tout ce qui pouvait être agréable à son cher époux. Elle savait très-bien qu'elle pouvait lui cacher la plus grande partie de ses actions ; mais elle sentait aussi qu'il eût été impossible de lui laisser ignorer le rôle qu'elle brûlait de jouer dans la comédie burlesque qui devait avoir lieu en l'honneur de l'Être-Suprême. Pour ne point s'exposer à avoir un refus elle-même, elle chargea son aimable pupille de négocier cette affaire auprès de M. des Retours, parce qu'elle savait qu'il ne refusait jamais rien à l'aimable Sophie. Son attente fût trompée en cette circonstance ; il ne voulut point permettre à son épouse cette ridicule mascarade.

Cette obstination de M. des Retours, qui n'était basée que sur un grain de jalousie, contraria beaucoup son épouse, mais cela ne lui put faire changer de résolution, il fallait une autre résistance pour la déconcerter. « J'ai résolu de paraître à cette fête sous le costume de la déesse de la Liberté, disait-elle ; je me suis même fait arrêter avec une mise indécente pour parvenir à en faire la demande; certainement je parviendrai au but que je me suis proposé, et je satisferai mes désirs. » Un nouveau surcroît d'embarras venait encore de mettre un grand obstacle à la réussite de ses projets : elle avait beaucoup compté, pour avoir la préférence pour remplir ce rôle de la statue de la Liberté, sur cet aimable Chaumette, si redoutable aux nymphes séduisantes du Palais-Royal et de ses environs ; et Chaumette, cet agent si dévoué aux volontés et même aux simples désirs des tyrans du jour, Chaumette était monté avec Danton, Camille Desmoulins et autres, dans la fatale charrette. Il était allé rendre compte de ses hauts faits à cet Être-Suprême, pour lequel il avait, avec son bon ami Robespierre, improvisé une superbe fête, dont il ne put pas même être le témoin. On ne peut douter que ce bon Être-Suprême, bien satisfait d'avoir été enfin si dignement reconnu ne l'ait magnifiquement récompensé de son civisme et de toutes ses imminentes vertus. Cet événement embarrassa un peu madame des Retours, mais ne la fit point changer de résolution. Elle alla, toujours accompagnée de sa jeune amie, dans un costume très-élégant, trouver Chénier, l'un des ordonnateurs des grandes fêtes, ce littérateur d'un ordre supérieur, ce bon législateur, qui avait bénévolement laissé guillotiner son frère, le vertueux André Chénier, et qui, pour se justifier, fit sa tragédie de *Timoléon*, ou l'*École des Frères*, qu'il trouva tant de difficultés à faire représenter, et qui lui inspira sa belle *Épître à la Calomnie*. Chénier se trouvait ce jour-là de très-mauvaise humeur ; c'était sans doute le lendemain du jour où le jeune breton Kerbourg lui administra un si solide soufflet, aux premières loges du théâtre de la République, qui fut entendu de tout le parterre, qui cria *bis*. Chénier enfin, sans faire attention aux oripeaux qui chamarraient de la tête aux pieds madame des Retours et son amie, les envoya toutes deux promener.

Plus elle éprouvait de résistance et de difficultés, et plus madame des Retours tenait à exécuter un projet qu'elle avait si hardiment conçu, et qui semblait être pour elle le comble du bonheur. De chez le littérateur Chénier elle alla trouver le peintre David, également représentant du peuple, membre de tous les comités, excepté de celui de bienfaisance, et, comme Chénier, l'un des ordonnateurs des grandes fêtes de la République. Nos deux aventurières eurent une charmante réception chez ce grand peintre d'un génie si extraordinaire, le chef enfin de l'école française, qui venait de terminer son superbe tableau de l'*Enlèvement des Sabines.* Ces deux charmantes femmes, qu'il considérait avec juste raison comme deux merveilles, furent acceptées pour monter sur les chars des divinités de la République, en représentant des déesses qui n'étaient rien moins que célestes. En les quittant, David, qui se promettait intérieurement d'avoir avec ces dames des relations plus amicales, promit d'aller lui-même chez M. des Retours pour obtenir sa permission de laisser ces dames libres de se costumer comme bon leur semblerait, pour figurer à la fête sous les traits ou de la Liberté, ou de l'Égalité, ou de la République. C'est tout ce que désirait madame des Retours. Un homme de cette importance devait tout obtenir de notre employé d'administration, en le menaçant d'une destitution, s'il refusait à sa femme la permission d'aller embellir par ses charmes le char et l'autel de la Liberté.

David obtint tout ce qu'il pouvait désirer; il n'y avait donc plus qu'à faire les préparatifs nécessaires pour cette superbe et importante cérémonie.

Les bons vieillards de cette funeste époque s'entêtaient à répéter à qui voulait les entendre que tous les agens supérieurs ou subalternes du gouvernement de la République n'étaient que des athées ; que ces misérables ne connaissaient ni dieu, ni foi, ni loi... Voyez quelle infâme calomnie!! Les sept cent soixante représentans du peuple, excepté cependant ceux dont on se débarrassait de temps en temps, nous ont prouvé qu'ils croyaient parfaitement en une espèce de Dieu, et pour cela ils ont été de l'avis d'un grand homme, qui a dit :

Si Dieu n'existait pas, il faudrait l'inventer.

Aussi ces bons républicains n'ont

point été chercher le Jupiter des anciens, le bœuf des Égyptiens, l'éléphant et la vache des Indiens, le Foë des Chinois, le soleil des Mexicains : ils n'ont fait ni une ni deux, ils ont créé l'Être-Suprême; ils ont pensé, avec le héros de la *Métromanie*, qui prenait le nom de l'Empyrée pour pouvoir s'élever au-dessus des autres, ils ont pensé qu'au sommet de la voûte céleste il y avait un individu qui devait régir les mondes; et qui devait être extrêmement satisfait de savoir qu'en France il existait de fortes têtes qui avaient élevé en son honneur les temples de la raison ; et institué, pour l'honorer au moins une fois l'an, une fête superbe, où le président de la Convention nationale républicaine, qui passait pour être le roi de ce temps-là, devait lui adresser un très-beau discours en prose, car il n'a pas encore été bien constaté si l'Être-Suprême entendait la langue des dieux, et dans lequel discours on devait l'élever au plus haut des cieux. Que l'on s'imagine alors combien le bon Dieu devait être satisfait de se voir donner une dénomination nouvelle et beaucoup plus élégante par ces bons membres de la Convention, qui pour la plupart avaient fait de si brillantes études qu'ils ne connaissaient pas le mot *humanité;* mais qui, en compensation, donnaient une signification très-étendue, une immense extension au mot *justice,* dont ils n'avaient jamais eu une idée précise.

On avait fixé le jour de cette fête importante à un décadi ; je ne sais trop si c'était le jour de sainte Giroflée ou de sainte Punaise ; tant il y a que c'était au commencement de messidor. L'Être-Suprême, par reconnaissance de ce qu'on pensait à lui, avait permis qu'il fît ce jour-là le plus beau temps du monde. Vers les deux heures du matin, on vit sortir du pavillon de Flore, où vraisemblablement les représentans avaient un peu mieux déjeûné que des milliers d'individus qui encombraient les prisons en attendant leur supplice ; on vit sortir Maximilien Robespierre, beau comme un astre, avec ses ailes de pigeon, à la tête de ses collègues, qu'il avait l'air de mépriser. La belle touffe de plumes tricolores qui ombrageaient sa tête, et sa large écharpe, lui donnaient une dignité ravissante. Il s'avança majestueusement jusque vers le pont-tournant, où l'on avait élevé sur des fagots une espèce d'autel brisé, sur lequel étaient placés pêle-mêle les attributs de la royauté, du despotisme et de la religion ; c'étaient des fragmens de couronnes, de sceptres, des calices, des chasubles, etc. Il était tout simple, puisqu'on avait inventé un autre dieu, un autre despotisme, de détruire tout ce qui pouvait rappeler les anciens objets de notre vénération, et tous les hochets de nos anciens préjugés. Comme il fallait régénérer, il fallait détruire toutes les anciennes croyances. Aussitôt son arrivée, le superbe Maximilien prit des mains du citoyen Sanson, son bon ami, son compagnon d'orgies dans sa maison de campagne, son commensal et son exécuteur, une torche allumée, et, d'un air martial et triomphateur, il mit le feu aux fagots de cet autel, sur lequel étaient les restes de notre ancienne et pitoyable croyance. Aussitôt de toutes parts on entend hurler : Vive Robespierre! vive la République! Il était facile de se convaincre que ceux qui criaient étaient très-chèrement payés, car les vociférations étaient des mieux nourries. Après ces importans préliminaires, le sentimental cortége se dirigea vers le champ de Mars, en passant par la place de la Révolution.

Dans un jour aussi solennel, on avait donné campo à la bonne vieille femme qui lavait tous les soirs sur le pavé de la place de la Révolution le sang des aristocrates, qui ruisselait chaque jour; le sang de ces conspirateurs, qui y venaient terminer leur malheureuse existence. Il n'y avait donc dans cette belle matinée que la statue de la Liberté en plâtre bronzé qui embarrassât la place. La bonne vieille, qui avait bien rempli son devoir la veille, avait été chercher sa paie le matin, et alors, clopin clopant, elle s'était mêlée aux autres vociférateurs. Les deux pigeons même qui avaient fait leur nid dans le giron de la statue de la Liberté avaient fui ce jour-là, et on ne les a pas revus depuis.

Rien n'avait été négligé pour rendre imposante cette brillante fête : le char de la République était le premier; la jeune Sophie Duteil représentait la déesse; venait ensuite le char de la Liberté, sur lequel était voluptueusement assise madame des Retours ; suivait ensuite celui de l'Égalité, et après lui celui de la Fraternité. Dieux! que cela était beau aux yeux d'un peuple ébahi!! Le char de la Mort avait été oublié ; il était resté chez le citoyen Sanson, qui cumulait à cette époque deux fonctions fort importantes : celle de bourreau et celle de capitaine des canonniers de la section du faubourg du Nord. Le citoyen Sanson était un homme qui ne se mouchait pas du pied : il était fêlé dans toutes les maisons des hauts fonctionnaires ; son couvert était toujours mis aux banquets républicains des Fouquet-Tinville, Coffinhal, Dumas, Collot-d'Herbois, etc., etc., et certaines personnes se trouvaient très-honorées de sa protection, sa bienveillance, même son amitié.

Pendant le trajet du cortége pour se rendre au Champ-de-Mars, les scènes populaires, les conversations paraissaient extrêmement comiques ou intéressantes, comme on voudra le prendre.

— Regarde donc, Gros-Jean, disait un fort de la halle à son camarade, endimanché d'une chemise et d'une barbe de quinze jours, regarde comme cette République est jolie.

— Oui, répondait un passant; mais ça est trop jeune, ça ne vivra pas.

— C'est possible, mais si elle était entre mes mains, je la ferais joliment vivre, moi. Et cette Liberté, ça vivra-t-il? Voyez quel beau corps de femme! Quelle fraîcheur! Quel œil étincelant!

— La Liberté, c'est autre chose, elle paraît d'une constitution plus forte; ça vivra peut-être plus longtemps que la première.

— Combien as-tu à présent pour aller aux comités ?

— Dam, c'est suivant ; j'ai toujours le corset pour les Jacobins et les Cordeliers ; ensuite j'en ai deux pour aller à la Convention ; mais je n'y vais pas tous les jours.

— Et ta femme ?

— Elle a la moitié ; mais comme elle tricote en même temps, sa journée est toujours bien employée. Aujourd'hui, par exemple, nous n'avons que deux corsets chacun ; en vérité, c'est de l'argent bien gagné, car y a de l'ouvrage. Jenneton est déjà tout enrouée, à force de crier vive Robespierre.

— Écoute donc, il faut faire sa journée, puisqu'on la paie.

— Oui, là-dessus, je suis bien comme toi. Tu avoueras que les assignats perdent trop. A peine peut-on avoir du pain avec ça.

— N'as-tu pas celui de la section ?

— Oui, avec les deux onces de riz.

— Eh bien, tout ça fait vivre, et le décadi on va encore au Bœuf-Rouge ou chez Ramponneau.

— Je vais à la Nouvelle-France, moi; le vin est meilleur.

Au coin de l'avenue des Invalides, on entendit une autre conversation, dans un sens très-différent. Elle avait lieu dans un endroit un peu écarté, entre deux hommes d'une mise incohérente : c'était un mélange du nouveau avec l'ancien régime. La pâleur de la douleur et de l'anxiété était répandue sur toute leur physionomie ; ils ne faisaient que de s'apercevoir et de se reconnaître, lorsque commença le dialogue suivant :

— Eh quoi, mon cher ami, vous, dans les rues de Paris ? Quelle imprudence !

— Ne dites rien, mon bon ami ; tenons-nous derrière ces arbres, pour ne point exciter la curiosité de la populace.

— Je vous croyais en prison.

— Eh sans doute, mais, par le plus grand des miracles, je me suis sauvé hier au soir de la prison des Anglaises de la rue de l'Oursine, et je veux profiter de la cohue pour pouvoir sortir de Paris par la barrière de l'École-Militaire, et me sauver du côté d'Orléans.

— Mais ne craignez-vous pas d'être reconnu ?

— Ce serait un grand malheur, mais enfin j'en serais quitte pour retourner en prison et y être surveillé davantage. Et vous, mon ami, qui jouissez encore de votre liberté, ne courez-vous pas quelques dangers de vous promener ainsi ?

— On vient de guillotiner mon père à l'âge de soixante-dix-huit ans ; on s'est emparé de tous nos biens ; j'ai perdu tout ce que j'avais de plus cher. Que peut-on encore me faire ? M'empêchera-t-on d'avoir vécu cinquante-deux ans? Je vous avoue que la curiosité me conduit seule ici, bien que vous me voyiez navré de douleur. Je voulais voir cet exécrable Robespierre! Je crois ne l'avoir jamais aperçu nulle part.

— Parlons bas, voici le cortége qui s'avance. Entendez-vous les vociférations du peuple, ces cris qui sont payés à tant par tête? Ces hurlemens de vive Robespierre, vive la Convention, vive la République, me font frémir!!

— Tenez, le voilà ce Maximilien. Quelle mise recherchée! quel air de fierté et de hauteur est peint sur sa figure! quel mépris il semble avoir pour ses collègues, desquels il se tient fort éloigné! quelle arrogante pédanterie!

— Voyez Saint-Just, à quelques pas de lui; quelle belle physionomie! Quel dommage, à vingt-six ans, avoir un si beau talent oratoire et l'avoir ainsi avili pour une cause aussi atroce, aussi épouvantable! du sang, du sang, et toujours du sang.

— A côté de Saint-Just, voyez ce misérable Couthon, sur ses deux béquilles. L'ensemble de sa personne est aussi vil, aussi ignoble que le fond de son âme.

— Mon cher ami, tout cela me fait mal; éloignons-nous d'ici, car lorsque je vois toutes ces têtes empanachées de plumes, qui sauteront peut-être toutes avant six mois sous le couteau de la justice, je ne puis m'empêcher de dire, avec Crébillon :

Après avoir détruit et lois et diadème,
Sans doute ils finiront par se détruire eux-mêmes.

— Conservons au fond de notre cœur cette incontestable vérité :

Il est un ciel vengeur pour punir tant de crimes.

— Sans doute que depuis votre incarcération vous n'avez plus votre carte de sûreté : j'ai la mienne avec moi ; venez que je vous conduise hors barrières, et nous dînerons dans les champs.

Les deux amis s'éloignèrent, et le cortége entrait au Champ-de-Mars.

Un embarras, causé par l'affluence du peuple, fit arrêter quelques instans le char de la Liberté. La déesse fut reconnue par un homme qui portait les insignes de président du comité révolutionnaire.

— Comment! c'est toi, Alphonsine? dit ce haut fonctionnaire à la Liberté. Comme tu es embellie depuis que je ne t'ai vue !

La déesse daigna jeter un regard fier sur celui qui lui adressait si familièrement la parole. Elle reconnut le menuisier Richard. Un coup d'œil de mépris fut toute sa réponse, car il n'était pas permis à la Liberté de parler lorsqu'elle était sur son char, et d'ailleurs son observation n'était pas de nature à lui faire plaisir, surtout qu'elle s'imaginait faire l'admiration de tout le monde. De son côté, le menuisier, qui avait fort à se plaindre de la petite couturière Rigaut, qu'il avait perdue de vue, parce qu'étant devenu une haute puissance, il n'avait pas eu le temps de s'en occuper, ne fut pas du tout satisfait du regard de fierté de la déesse. « Tu as b..... l'air de faire fi de moi : sois tranquille, ma petite, je te retrouverai. » La ci-devant ouvrière en robes, qui de son côté était aussi devenue une grande dame, et qui ce jour-là goûtait pour la première fois l'ambroisie que l'on ne prodigue qu'aux dieux, ne daigna pas seulement faire attention à ce que lui disait le citoyen président du comité révolutionnaire ; et le superbe char, enfolichonné de tous ses oripeaux, continua sa marche triomphale jusqu'au milieu du Champ-de-Mars.

Après que toutes les puissances furent arrivées à ce vaste Champ-de-Mars, noble fils de la République, dont la naissance fut célébrée par les chants populaires de *Ça ira,* et qui depuis a été témoin de tant de comédies et d'une terrible tragédie, celle de la mort du savant Bailly; après que le cortége fut arrivé au milieu de l'enceinte, le brillant Maximilien monta sur l'autel de la Patrie et prononça encore un discours à la nouvelle divinité que l'on avait si glorieusement inventée, et dont malheureusement l'éphémère existence n'a été que d'un seul jour. Par un bonheur auquel on ne devait pas s'attendre, le discours ne fut pas aussi long ni aussi foudroyant que les rapports de Saint-Just, toujours faits par ordre de Robespierre; ce ne fut que l'affaire d'un instant. Il parut constant que le célèbre président de la Convention n'avait pas grand'chose à dire à l'Être-Suprême.

On fut fort étonné de voir qu'une fête qui avait été préconisée si longtemps à l'avance se réduisait à si peu de chose. Il faut cependant dire que l'on lança un ballon au moment de la cérémonie, probablement pour aller porter à l'Être-Suprême la nouvelle que tant de magnificences n'étaient prodiguées qu'à son honneur, et que le soir il y eut des illuminations à éblouir tous les badauds. Celles des Tuileries furent si éclatantes, que les pommes de terre qui y étaient plantées furent récoltées au moins quinze jours plus tôt qu'elles n'auraient dû l'être.

CHAPITRE VI.

SCÈNES DE PRISONS.

Repoussez loin de vous ces hommes sanguinaires,
Qui vous font désirer le trépas de vos frères :
Qui, d'orgueil enivrés. prêchent l'humilité ;
Qui du sein des trésors vantent la pauvreté,
Et qui, trompant toujours et dévastant la terre,
Servent le dieu de paix en déclarant la guerre.

M. J. Chénier.

L'injustice à la fin produit l'indépendance.
Voltaire.

La vengeance est, dit-on, le délice des dieux. Je ne sais si je me trompe, mais il me semble que ce *dicton* populaire n'a pas le sens commun, car peut-il exister quelques sentimens de haine, même d'aigreur, dans l'âme ou dans la pensée d'un bienfaiteur ? Laissons cette question trop délicate, et occupons-nous du menuisier Richard, qui se croyait au moins un demi-dieu par les hautes fonctions dont il était investi ; pour lui c'était une place des plus *conséquentes* que celle de président d'un comité révolutionnaire. Or, dans la grande sphère imaginative du citoyen président, il fut conçu l'idée de se venger du mépris que l'on avait fait de ses premières amours. Lors de cet événement, il avait long-temps conservé au fond de son cœur ce ressentiment profond qu'avait fait naître cette petite couturière; mais bientôt entraîné dans le tourbillon des grandes affaires politiques, le menuisier Richard, qui avait été bon jusqu'alors, fut forcé de ne s'occuper que de ses nouvelles dignités, et de prendre le caractère que devaient exiger les nouvelles fonctions qui lui étaient imposées Il avait d'abord été membre du comité révolutionnaire, mais bientôt son bon ami d'enfance, le citoyen Duplay, menuisier rue Saint-Honoré, en face la rue Saint-Florentin, et beau-père de Maximilien Robespierre, l'avait fait nommer président, et depuis lors il s'était développé en lui beaucoup de moyens dignes de cette admirable époque.

Le citoyen Richard, le lendemain de la fête de l'Être-Suprême, s'informa quelle pouvait être cette Liberté, qu'il avait connue assez particulièrement, mais qu'il avait perdue de vue depuis son mariage. Il apprit enfin ce qu'il désirait; et aussitôt il fut à son comité de section; il dénonça le citoyen des Retours comme un aristocrate et un conspirateur, et dit que l'on avait trompé le civisme et les intentions du ministre qui avait donné une place à un ci-devant, qui avait conservé son nom, qui appartenait à une classe proscrite qui ne faisait que conspirer contre la République, et que son indigne épouse n'avait demandé à faire la déesse de la Liberté que pour se moquer de la fête de l'Être-

Suprême ; que lui-même avait remarqué qu'elle avait parlé à la déesse de la République, et qu'elle s'était mise à rire lorsque le président de la Convention prononçait son superbe discours sur l'autel de la Patrie, et enfin que le mari et la femme ne pouvaient être que des conspirateurs contre la liberté, l'égalité, la fraternité et la République. Aussitôt il donna des ordres à l'adjudant de la section pour faire arrêter le citoyen et la citoyenne des Retours, comme suspects de conspiration.

M. et madame des Retours étaient tranquillement à déjeûner avec la jolie Sophie Duteil ; ils tâchaient de reprendre des forces et de réparer les fatigues que ces deux dames avaient éprouvées la veille. Tous les trois s'amusaient à raconter les anecdotes populaires dont ils avaient été les témoins, lorsqu'ils virent entrer deux agens du comité de sûreté générale, suivis de quatre gendarmes, que ces infâmes aristocrates nommaient alors les *chevaliers de la guillotine.* Ils exhibèrent les ordres qu'ils avaient de les arrêter, et leur ordonnèrent de les suivre à l'instant même, chacun dans une prison séparée. La jeune Sophie n'était point comprise dans cet ordre.

Madame des Retours voulut bien faire quelques représentations sur l'injustice de cet ordre; elle dit que, pour prouver son civisme, elle avait fait la statue de la Liberté, ainsi que beaucoup d'autres choses, et qu'elle avait commandé, à l'instar de tous les bons citoyens, les repas que l'on devait prendre au beau milieu de la rue, et que l'on devait offrir à tous les passans, et surtout aux généreux défenseurs de la patrie qui revena'ent de l'armée couverts de blessures, de cicatrices honorables, et qui étaient en permission dans la capitale des Gaules. Tant de dévouement, tant de générosité, tant de patriotisme, ne furent point appréciés par les chiens d'arrêts lancés par Fouquier-Tinville, qui amenaient le gibier au patriote Sanson, qui les expédiait avec aisance et facilité à l'éternité qui les attendait. Il fallut que l'ordre fût strictement exécuté à l'instant même. Malgré toute résistance et raisonnement fondé, on emballa, dans deux voitures publiques qui les attendaient à la porte, M. des Retours, destiné pour la prison de Sainte-Pélagie, et la belle et superbe déesse de la Liberté pour la prison des Anglaises, rue de l'Oursine.

Singulière instabilité des choses humaines, du caprice des hommes et des extraordinaires événemens de la vie! Cette même femme, qui avait été adorée la veille sous les traits d'une divinité populaire; qui s'était fait admirer pour sa beauté et pour toutes ses perfections, venait d'être elaquemurée comme conspiratrice contre la Liberté!!

Les adieux que se firent les deux époux et ceux qu'ils firent à la jeune Sophie, qui était forcée de rester seule à la maison, furent extrêmement touchans. Ce fut les larmes aux yeux qu'ils embrassèrent cette jeune enfant, qui ne savait elle-même quel parti prendre dans une circonstance si fatale. En balbutiant, elle demanda à M. des Retours si elle devait retourner chez sa maîtresse marchande de modes, ou si elle devait continuer de rester à l'hôtel.

— Ma chère Sophie, lui dit M. des Retours, je vous supplie de ne point m'abandonner; il ne me reste plus que vous sur qui je puisse compter pour me rendre les plus grands services. Restez dans cette maison, où je vous établis la maîtresse, et où tous ceux qui sont accoutumés à m'obéir ne doivent reconnaître que vous pour leur commander. Adieu, ma chère Sophie, j'espère reconnaître un jour ce que vous aurez la bonté de faire pour moi.

Tous se séparèrent les larmes aux yeux, et les deux illustres victimes partirent chacune pour sa destination.

En arrivant aux Anglaises, madame des Retours se trouva, à sa grande surprise, en pays de connaissance. La première personne qu'elle rencontra, fut la charmante et aimable Lucile, femme de Camille

Desmoulins, dont le mari venait de passer sous le fer révolutionnaire. Quelques instans après, elle reconnut la femme de Hébert, procureur de la commune et rédacteur du *Père Duchêne,* journal inconcevable par les expressions ordurières, obscènes dont il était rempli. Madame des Retours les avait connues toutes deux dans les salons de plusieurs représentans, qu'elle fréquentait quelques jours auparavant. Madame Hébert, ancienne novice dans un couvent de Bénédictines où elle devait prendre le voile, était une femme grande, belle et charmante sous tous les rapports ; mais madame Camille, qui n'avait jamais connu d'autres dieux que son père et son époux, qu'elle adorait encore au delà des bornes de l'existence, la bonne et admirable Lucile, qui descendait d'une famille des plus respectables, l'emportait de beaucoup par ses attraits comme par ses qualités supérieures sur l'épouse du père Duchêne. Cette dernière n'était pas très-grande, mais tout était perfection dans toute sa personne. Quelle singulière bizarrerie dans les événemens de la vie! Il existe des contradictions remarquables dont peut-être on n'a pas encore fait le rapprochement. Camille Desmoulins, après avoir fait les pamphlets ayant pour titre *Révolutions du Brabant,* était le rédacteur du journal *le Vieux Cordelier.* Hébert, rédacteur du *Père Duchêne,* absolument opposé au précédent ;

tous deux étaient des antagonistes irrapprochables; ils ne pouvaient pas se voir en face, et cependant leur supplice eut lieu le même jour et à la même heure. Leurs deux infortunées épouses furent enfermées dans la même prison des Anglaises, dans la même chambre, et comme le malheur rapproche toutes les passions comme toutes les distances, les deux charmantes recluses devinrent intimes amies : leurs affections comme leurs goûts semblaient être les mêmes ; pendant le peu de jours qu'elles restèrent ensemble, elles paraissaient inséparables, et ces deux malheureuses victimes d'une atroce tyrannie perdirent la vie le même jour et presque au même instant, en se manifestant mutuellement, pendant le long trajet qui imprimait au fond de leurs âmes une affreuse agonie, tous les sentimens affectueux de peine et de douleur dont elles étaient pénétrées. Ces deux belles et charmantes victimes de la plus affreuse tyrannie furent regrettées et pleurées par tous ceux qui ont eu le bonheur de les connaître.

La jeune Sophie était restée seule avec ses pleurs et ses regrets, à l'hôtel de M. des Retours, ne sachant quel parti elle allait prendre, et n'ayant personne à qui elle pût demander des conseils. On avait mis les scellés sur les pièces les plus importantes de la maison, et particulièrement sur les meubles renfermant des papiers placés dans les deux chambres à coucher. On avait seulement oublié de les apposer sur les portes de la cave, et pour rendre la maison plus lugubre et plus malsaine encore, on avait établi quatre gardes-scellés, buvant et fumant *ad libitum*, qui firent élection de domicile dans un des plus beaux salons de l'hôtel, se faisant servir des mets et des vins les plus délicieux, ainsi qu'auraient pu le faire les maîtres de la maison.

Dans cette perplexité, cette irrésolution, la jeune Sophie Duteil ne se laissa guider que par les impulsions de son bon cœur. Elle s'empressa, le lendemain du jour de cette fatale arrestation, et après s'être informée dans quelle prison étaient renfermés ses deux protecteurs, elle se hâta de se rendre auprès de son amie, madame des Retours. Après plusieurs difficultés de la part des guichetiers et du concierge Bertrand, dont la levée était l'argument irrésistible de Figaro, mais dont la bonne et intéressante Sophie n'avait pas la moindre idée, elle eut enfin la permission de rester quelques instans avec madame des Retours dans une salle de la prison, que l'on appelait le greffe; il lui fut impossible de pouvoir l'entretenir autre part qu'en présence des agens de la maison.

Après les premiers instans de pleurs et de forte émotion, ces deux dames eurent assez de bonheur pour pouvoir rester seules auprès d'une fenêtre sans être spécialement remarquées, et surtout sans être dérangées.

— Ma bonne Sophie, dit madame des Retours à son amie, j'ai remarqué que nos gardiens, dans cette maison d'arrêt, sont presque toujours ivres, et que les prisonniers qui leur fournissent cet agréable passe-temps sont toujours traités avec plus de bienveillance que les autres. Tu m'as dit que fort heureusement on avait oublié de mettre les scellés sur les caves de la maison ; il faut tirer parti de cet avantage pour nous sauver peut-être, car j'ai remarqué aussi que, sur la scène du monde, les petites causes produisent de grands effets. Il faut, ma chère Sophie, m'envoyer ici tous les jours un panier de douze ou quinze bouteilles de mon meilleur vin. La tante de mon époux nous avait laissé une cave des mieux garnies, et depuis que nous avons pris possession de son hôtel, nous l'avons toujours très-bien entretenue. S'il faut faire quelques sacrifices, c'est dans une circonstance aussi terrible que celle où nous nous trouvons qu'il faut savoir les faire, et employer toutes les ressources qui sont en notre pouvoir.

— Vous pouvez compter, madame, ma chère et malheureuse amie, sur toute ma sollicitude à cet égard, et vous serez servie ainsi que vous le désirerez.

— Il faut également en envoyer à M. des Retours, qui est à Sainte-Pélagie. Il est facile de juger, par ce qui se passe dans cette maison, que toutes les prisons sont dirigées et administrées d'après les mêmes principes. Ainsi, en vous rendant auprès de mon époux, il faut tâcher de connaître l'esprit dominant des gardiens de cette prison. Croyez, ma bonne amie, que c'est souvent de ces misérables que dépend le sort de la plupart des malheureux qui sont sous leurs verroux.

En ce moment, le concierge Bertrand, qui avait trouvé que la conversation paraissait un peu longue, et que la conférence n'avait point l'air de se terminer bientôt, Bertrand prit mademoiselle Sophie par le bras, et la mit à la porte, sans seulement lui donner la permission d'embrasser son amie, qui restait captive dans la maison.

C'était un homme bien aimable que le concierge Bertrand. Toujours dans une ivresse presque complète, on éprouvait une véritable satisfaction d'entendre les ordres qu'il donnait dans la maison, et la conversation qu'il avait avec tous les prisonniers. Les b...., les f.... voltigeaient sur ses lèvres avec une aisance toute particulière; pas une parole n'était prononcée sans qu'elle ne fût accompagnée d'une épithète très-significative; les malheureuses victimes qui étaient sous ses verroux se gardaient bien d'y faire la moindre attention, car de la parole au geste il n'y avait pas même le temps de la plus petite réflexion ; il ne fallait pas encore se fâcher lorsqu'il se permettait ces petites libertés, car son pouvoir était tel, que plusieurs de ses administrés ayant été compris dans la première conspiration qui s'était présentée, ce qui importait fort peu, furent envoyés à l'échafaud, sur le rapport du républicain Bertrand.

Ce concierge ou ce monstre, dont l'âme était formée de tous les élémens les plus vils, était un homme de trente-six à quarante ans. Jamais physionomie de scélérat ne fut mieux caractérisée : une stature presque colossale ; une figure bourgeonnée couleur de betterave rouge mal cuite ; les yeux, le nez, la bouche et le menton d'un satyre enivré de vin et de luxure ; les bras très-nerveux et presque toujours nus, ayant toujours ses manches retroussées jusqu'au-dessus du coude. Il aimait à les avoir dans cet état pour laisser apercevoir des blessures qu'il avait aux bras et aux mains ; blessures très-honorables, qu'il avait reçues dans un combat qui attestait un civisme incontestable, et qui ajoutait un beau fleuron à la couronne républicaine, qu'il portait les jours de grandes cérémonies.

Ce cher citoyen Bertrand était un homme bien précieux et bien estimé des puissans d'un instant, mais qui alors faisaient les destins de la France; il avait été choisi dans les trop fatales journées des 2 et 3 septembre pour aller aux portes de la prison de l'Abbaye égorger les aristocrates et les conspirateurs qui y étaient en trop grand nombre ; et par une méchanceté tellement atroce que je ne puis la caractériser, un de ces agens de Pitt et de Cobourg s'était trouvé avoir sur lui un large couteau; il s'était défendu contre ses trente combattans, et il avait blessé en plusieurs endroits ce brave Bertrand, qui s'était trouvé le premier à frapper dans ce combat mémorable. Bertrand se faisait tellement honneur de ces blessures, qu'il les montrait avec ostentation à tous ceux qui arrivaient dans la prison, qu'il administrait avec une verge de fer.

Il est bien pénible de penser que des femmes charmantes, et de la première distinction comme de la première noblesse, n'ont pas rougi de lui accorder des faveurs que la crainte des maltraitemens et du dernier supplice leur avaient sans doute arrachées; mais si elles ont conservé leurs têtes, combien le remords ne les a-t-il pas poursuivies au-delà des portes de cette infâme retraite, et lorsqu'elles ont été rendues à leurs familles! Baissons le voile sur de telles fautes, sur de semblables horreurs !

En sortant des Anglaises, mademoiselle Sophie se rendit auprès de M. des Retours, à Sainte-Pélagie. Cette prison était tenue sous des auspices aussi sévères, aussi durs que les lois despotiques de la prison de la rue de l'Oursine; mais dans celle de la rue de la Clef on avait soin de mettre des formalités qui semblaient ne point tenir du caprice d'un seul homme; à peine mademoiselle Duteil put-elle voir un instant le malheureux qu'elle venait visiter.

— Je vous en supplie, ma chère Sophie, lui dit M. des Retours, employez toute votre éloquence, tout ce qui peut être en votre possibilité, pour qu'on s'intéresse en ma faveur. Voyez le président de la Convention, que je connais beaucoup; voyez le peintre David, qui protége mon épouse. Faites en sorte que je puisse seulement être transféré de cette maison, qui n'est qu'une succursale de la Conciergerie pour toutes les personnes qui vont sur l'échafaud. Je serais beaucoup plus heureux et plus tranquille dans une maison d'arrêt.

Mademoiselle Sophie promit tout ce qu'on lui demandait; et, ayant les larmes aux yeux, elle quitta, presque aussitôt après son entrée, le cher protecteur qu'elle venait consoler.

Dans ses premières sollicitudes, la belle et jeune Sophie ne fut pas heureuse. Robespierre aîné s'opposa à la laisser parvenir jusqu'à lui, malgré ses instances, il refusa net de la voir. Le jeune Saint-Just, grâce à la beauté de la solliciteuse, parut s'intéresser au sort des deux prisonniers : il lui permit de venir souvent le voir pour lui renouveler ses prières. David, très-connaisseur et très-amateur des perfections physiques d'une jeune beauté de seize ans, promit beaucoup, mais sans prendre la chose tellement à cœur pour se décider à la faire de suite. Ainsi toutes ses espérances étaient encore extrêmement vagues ; elle s'empressa cependant d'en faire part aux deux prisonniers.

Elle commença par aller chez M. des Retours; il ne lui fut pas permis de le voir. Elle lui écrivit seulement, dans une lettre non cachetée, les démarches qu'elle avait faites, et elle lui donna quelques espérances, afin qu'il eût quelques sujets de consolation dans sa captivité de Sainte-Pélagie; elle se rendit auprès de son amie. Cette fois Sophie fut plus heureuse; on la laissa encore entrer jusqu'au greffe, pour pouvoir l'embrasser et l'entretenir.

Pour la première fois peut-être, depuis son enfance, madame des Retours fut attendrie, en voyant sa Sophie répandre beaucoup de larmes. Ayant étudié l'art de dissimuler, on voyait rarement sur sa physionomie les impressions ou les sentimens qui occupaient son cœur ou sa pensée. Dans la position où elle se trouvait, elle ne pouvait point donner cours à ses désirs, à ses penchans, comme elle eût pu le faire étant en liberté. Et d'ailleurs elle voyait chaque jour sortir des prisonniers pour aller payer de leur tête de prétendus crimes que jamais ils n'avaient eu l'idée de commettre; elle devait craindre elle-même pour la sienne.

— Mon aimable Sophie, dit-elle à sa jeune pupille, il ne nous reste d'autres espérances que dans tes bontés, et que ce que tu pourras obtenir pour nous. Il faut que tu te sacrifies pour deux malheureux que tu peux encore sauver, et qui t'en conserveront une reconnaissance ineffaçable. Il faut accorder tout..., tout ce qu'on exigera de toi...

— Mais, madame, il me semble qu'il n'est pas nécessaire de faire de si grands sacrifices ; je pense...

— Ma Sophie, notre destinée est peut-être entre tes mains ; tu peux peut-être nous sauver de l'échafaud ; tu peux...

En ce moment, huit ou dix gendarmes, pourvoyeurs de la Conciergerie et du tribunal révolutionnaire, entrèrent au greffe en exhibant des ordres pour transférer dans des voitures qui attendaient à la porte plusieurs prisonniers qui devaient passer en jugement dans la journée même, car toutes ces choses s'expédiaient le plus promptement possible. Au nombre des personnes que les gendarmes demandaient se trouvaient le citoyen et la citoyenne Sainte-Amaranthe. Dans la prison, il se trouvait trois personnes de ce nom. Madame Sainte-Amaranthe, femme très-belle encore, âgée d'une quarantaine d'années, un peu changée sous le poids de toutes les adversités, de toutes les tribulations qu'elle éprouvait ; le jeune Saint-Amaranthe, âgé de dix-huit ans, qui réunissait tant de perfections dans sa personne, qu'il existait alors un proverbe dans les salons de Paris; lorsqu'on voulait désigner un bel homme, on disait *beau comme Saint-Amaranthe ;* et enfin mademoiselle Saint-Amaranthe, sa sœur, jeune et belle personne qui n'avait pas encore vingt ans. Elle était tellement jolie, qu'aucune belle femme n'eût pu souffrir la comparaison, étant auprès d'elle.

En les voyant arriver tous les trois, les gendarmes furent un peu embarrassés, parce que l'ordre de translation n'en portait que deux.

— Il faut prendre la mère et le fils, dirent-ils, et la fille restera ici.

— Je m'y oppose fortement, répondit cette jeune personne ; je veux suivre ma mère et mon frère. On les demande au tribunal pour être jugés comme conspirateurs, j'ai partagé les mêmes fautes, les mêmes sentimens que mon frère et ma mère, puisque nous ne nous sommes jamais quittés. S'ils ont conspiré, j'ai conspiré de même, et je dois partager le sort ou les peines qui leur sont réservés.

— Nous ne pouvons pas, dit un gendarme, nous ne pouvons changer notre ordre.

— Je vous en supplie, dit mademoiselle Saint-Amaranthe, je me jette à vos genoux ; ne me refusez pas le bonheur de mourir avec maman et mon frère ! Que puis-je faire seule sur la terre, s'il faut que je perde tout ce que j'ai de plus cher ! Si vous ne pouvez changer votre ordre, eh bien, laissez-moi passer inaperçue entre mes bons parens. Votre responsabilité ne peut pas être attaquée, puisqu'au lieu d'avoir une personne de moins vous en aurez une de plus.

— Voilà b.... des grimaces, dit Bertrand, qui ne doutait jamais de rien lorsqu'il s'agissait de moyens expéditifs; mettez sur l'ordre *la famille Saint-Amaranthe,* au lieu des mots le citoyen et la citoyenne Saint-Amaranthe, et f.....-moi le camp avec votre mère; c'est toujours autant de débarrassé.

L'avis du concierge fut trouvé concluant; il fut aussitôt exécuté, et cette belle personne sauta au cou de sa mère, et dit en la couvrant de baisers : « Au moins, nous mourrons ensemble. » Elle remonta aussitôt dans sa chambre pour faire une prompte toilette : elle se costuma tout en blanc, on eût cru une vestale (1) que l'on allait sacrifier, et qui faisait abnégation de tout ce qu'il y avait de terrestre en elle, en faveur des dieux qu'elle adorait au fond de son cœur, qui étaient son créateur et sa famille. Elle marchait à la mort avec cette sérénité d'âme, cette innocence et cette tranquillité qui ne peuvent être que le partage de la vertu. Elle sortit avec sa mère et son frère, après avoir embrassé indistinctement toutes les

(1) Toutes ces scènes sont historiques, et sont de la plus exacte vérité.

personnes de son sexe qui se trouvaient dans ce moment au greffe, et elle partit avec les gendarmes chargés de conduire huit ou dix victimes au tribunal de sang. Six heures plus tard, toutes, sans en excepter une, toutes avaient cessé de vivre!

Quatre-vingt-deux personnes de très-haut rang perdirent la vie ce jour-là à la barrière du Trône, après une épouvantable agonie de deux heures de chemin, exposées aux insultes de toute espèce, par une populace toujours chèrement payée à cet effet. Ces infortunés avaient été compris dans la prétendue conspiration *Lamiral,* un misérable qui avait voulu assassiner, dans un moment de délire, le représentant du peuple Collot-d'Herbois.

Après le départ des prisonniers pour la Conciergerie, qui tous, certains de marcher à une mort prompte, avaient fait, en quittant cette prison, les adieux les plus attendrissans, il ne fut plus possible à madame des Retours et à son amie de proférer une seule parole. La jeune Sophie, le cœur plein de la scène terrible pour son cœur dont elle venait d'être le témoin, embrassa sa protectrice, son amie, et sortit, accablée sous le poids des plus pénibles réflexions.

Les dernières paroles de madame des Retours retentissaient encore au fond du cœur de la jeune Sophie. Lorsqu'elle fut arrivée chez elle, elle s'enferma dans son appartement, afin de bien réfléchir encore sur les déterminations qu'elle avait à prendre. Tout lui faisait un devoir de ne rien négliger pour sauver ses bons amis, mais la nature des sacrifices que l'on paraissait exiger d'elle ne semblait pas être au nombre des concessions qu'elle devait faire. Le restant de la journée fut totalement employé à développer cette lutte de sentimens entre le devoir et la vertu.

Dans la prison de la rue de l'Oursine, qui renfermait de deux cent cinquante à trois cents individus des deux sexes, et où il se faisait chaque jour des mutations, se trouvaient renfermés des personnages du plus haut rang. Là gémissaient la princesse de Monaco, la marquise de Villette, fille adoptive de Voltaire, le prince de Rohan-Rochefort, les duc et duchesse de Luyne, les banquiers Vandenyver, Cottin-Jauge, Girardot, et tant d'autres, dont les noms échappent à la mémoire. Il y avait aussi un M. Mirdondais, officier supérieur de marine, qui avait été arrêté peu de jours auparavant madame des Retours. Son épouse n'avait point été arrêtée : elle venait le voir tous les jours; sa fille unique, jeune et très-belle personne de seize ans, était à la campagne chez une parente de sa mère, lorsqu'elle apprit l'arrestation de l'auteur de ses jours, qu'elle aimait beaucoup. Aussitôt cette fatale nouvelle, elle vole vers la capitale, et sans seulement s'informer où demeurait sa mère, parce qu'elle croyait pouvoir l'entretenir tout à son aise, elle crut que son premier devoir était d'aller, avec sa parente, visiter son père, qui gémissait dans une prison. Elle descendait de voiture à la porte de la prison, lorsque mademoiselle Sophie se présenta également pour visiter madame des Retours. Mademoiselle Mirdondais frappe la première à la porte du guichet.

— Qui demandez-vous? lui dit un guichetier nommé Petit-Jean, qui avait beaucoup de ressemblance avec le concierge Bertrand.

— Je voudrais parler à M. Mirdondais.

— Pour parler à Mirdondais, il faut un permis du comité de sûreté générale. En as-tu un?

— Mon Dieu, monsieur, j'arrive.....

— Il n'y a point ici de *monsieur;* il n'y a que des citoyens.

— J'arrive..., citoyen..., j'arrive de la campagne; je voudrais voir mon père..., et... je ne connais pas encore toutes les formalités...

— Tant pis pour toi, va les apprendre. Et au même instant on lui ferme la porte au nez.

Après un moment d'hésitation, la jeune enfant, en tremblant, frappe de nouveau. La voix de Petit-Jean se fait de nouveau entendre dans l'intérieur, et les juremens avaient leur cours ordinaire.

— Je t'ai déjà dit que tu ne pouvais pas voir ton père. Allons f...-moi le camp, et laisse-nous tranquille.

— Je vous en supplie... Je voudrais seulement lui dire un mot devant vous, et...

— Il n'y a point ici de *vous;* parlenous différemment.

— Il y a si long-temps que je n'ai vu mon père !

— Tant pis pour toi ; je n'en suis pas la cause.

En ce moment, l'on entend la

voix de stentor du concierge, qui, de très-mauvaise humeur, ouvre la porte avec force, et dit à la jeune fille :

— Tu vas te faire *giffler*, si tu nous ennuies davantage. Allons, voyons, que demandes-tu ?

— Je voudrais seulement embrasser mon père, dit la jeune fille les yeux inondés de pleurs ; mais, s'il le faut, je ne lui dirai rien.

— Il est là, ton b.... de père. Allons, avance ; baise-le si tu veux, mais f....-moi le camp bien vite, car je ne suis pas patient.

Au même instant, l'entrée de la porte s'agrandit. D'un côté s'avance le bon M. Mirdondais, qui avait entendu une partie de la conversation, et de l'autre était la jeune fille. Leurs yeux remplis de larmes se rencontrent; ils allaient se précipiter dans les bras l'un de l'autre, mais l'émotion dont ils étaient pénétrés, les juremens qui bourdonnaient autour de leurs oreilles, les firent rester un moment dans l'indécision, dans une espèce d'extase dont il est impossible de se rendre compte, mais que l'on peut seulement décrire, ayant été témoin de la scène; enfin ni l'un ni l'autre n'osent ni parler, ni avancer. Bertrand, impatienté d'un délai qui le contrariait on ne sait trop pourquoi, frappe un grand coup de poing à la poitrine de cette jeune personne, et ferme la porte en disant :

— Va-t-en donc, s.... g...., puisque tu ne veux pas avancer.

Cette jeune vierge va tomber la figure contre terre aux pieds de Sophie Duteil, qui attendait également pour entrer au greffe.

Il est impossible de pouvoir peindre l'indignation et les fortes impressions qu'éprouvèrent toutes les personnes, en dedans comme en dehors de la prison, qui furent les témoins de cette scène affligeante et épouvantable. Les soldats de la garde de la prison qui se trouvaient présens, puisque c'était devant le corps-de-garde que tout cela se passait, ne purent s'empêcher de témoigner quelque intérêt à cette jeune fille, les uns en lui portant des secours, et les autres en mettant leurs deux mains devant leurs visages, pour cacher les pleurs qu'ils répandaient.

Mademoiselle Sophie Duteil, hors d'elle-même, s'empressa de relever cette intéressante jeune fille, qui était évanouie. Son sang sortait par le nez et par la bouche. Elle-même ne savait comment s'y prendre pour lui donner les premiers secours ; mais bientôt, aidée par les soldats et la parente qui était avec mademoiselle Mirdondais, on la porta dans la voiture de madame des Retours, qui heureusement était restée à la porte. Cette jeune enfant était dans un état tel, qu'elle aurait arraché des larmes à l'être le plus insensible. Sans chercher à entrer dans la prison, sans demander à voir son amie, mademoiselle Duteil s'empressa de conduire à l'hôtel de M. des Retours cette infortunée, qui, malgré le long trajet qu'elle avait à parcourir pour arriver à sa destination, n'avait pas encore repris l'usage de ses sens à son arrivée dans la maison.

FIN DU TOME PREMIER.

TABLE

DES CHAPITRES

CONTENUS DANS LE PREMIER VOLUME.

Chap. Ier. Dissimulation. Pag. 1
Chap. II. Conseils généreux. 31
Chap. III. Mariage. 76
Chap. IV. Mœurs publiques. 108
Chap. V. Fête à l'Être-Suprême. 139
Chap. VI. Scènes des prisons. 179

www.ingramcontent.com/pod-product-compliance
Lightning Source LLC
Chambersburg PA
CBHW060132170426
43198CB00010B/1134